簡単なのに
日本人には出てこない
英語フレーズ600

キャサリン・A・クラフト

里中哲彦〔編訳〕

青春新書
INTELLIGENCE

はじめに

まずは「フレーズ」から

　外国語学習はどのような手順を踏んだらいいのでしょうか。

　私はこれまで小さな子どもから高齢者まで、幅広い層の英語学習者を見てきましたが、話せるようになった人たちの共通点は「フレーズ」のトレーニングを徹底的にやったことです。

　文法から入ってしまうと、間違えることに臆病になり、話すことに尻込みしてしまいがちです。まずは「フレーズ学習から入る」のがよく、次にそこで使われている文法や単語を習得するのがベストだと確信しています。

　なぜ、こうも自信をもって言えるのでしょうか。

　フレーズから入る学習法こそ、多くの日本人が英語を話せるようになった実証済みのトレーニング法であり、私自身が身をもって体験した日本語学習法でもあるからです。

　英語学習に絞って話をすすめましょう。たとえば、Where can I 〜 ？（どこで〜できますか？）というフレーズを身につけるとしましょう。まず、Where can I exchange money?（どこで両替ができますか？）などの英語音をくりかえし聞いたあと、自分が実際に使っている場面をイメージしながら納得できるまで音読します。そのとき、"exchange"が「交換する」という他動詞（目的語を必要とする動詞）であり、"money"が〔マネー〕ではなく〔マニ〕という音であることを覚えます。このようにして、使えるフレーズを増やしながら、単語の意味と発音を同時に覚えていくのが、英

語が話せるようになる近道なのです。

むろん、文法をないがしろにしていいというわけではありません。文法も大事です。ですが、てっとりばやく話せるようになる秘訣は、フレーズ学習から入っていくのがいちばんです。

「ものまね」を「口ぐせ」にする

英語の音を習得して、フレーズをくりかえし音読してみましょう。このようなアドバイスをすると、「何回ぐらいやるのですか?」とたずねられます。私ははっきりとした回数は言わず、「口ぐせになるまで」と答えます。「口ぐせになったフレーズは、かならず伝わりますし、また聞き取ることもできるから」というのがその理由です。

「パターンを口ぐせにする」→「そのパターンを使って、日常に即した場面に対応できる表現力を身につける」という順で練習してみたらいかがでしょうか。

とりわけ2つ目の「そのパターンを使って、日常に即した場面に対応できる表現力を身につける」では、主語を変えたり、否定文や疑問文にしたりすることで、使い途はどんどん広がっていくはずです。

とはいえ、それがめったに使わないフレーズであるなら、時間を費やした意味がありません。実用性のあるものを覚えてこそ、そのフレーズが身につくのです。

本書では、ネイティブが日常会話でよく使うパターン・フレーズをこまめに収集し、それに用途の広い言いまわしを適用してナチュラルな英文をつくりあげました。さまざまな言いまわしと組み合わせて、くりかえし音読すれば、かならず

「使えるフレーズ」になります。

「モチベーション」から「ルーティーン」へ

　人がなにかを始めるとき、モチベーション（動機づけ）は大きな原動力になります。みなさんも何かしらのモチベーションがあって、この本を手にとってくれたのだと思います。

　私はこれまで数多くの英語学習者と出会ってきましたが、挫折した人もいれば、立派な英語の使い手になった人もいます。

「英語をしゃべれるようになりたい」という気持ちはみんな共通に持っています。しかし、ちゃんと話せるようになった人と途中であきらめてしまった人に分かれます。両者を分ける決定的な違いは何でしょうか。

　残念ながら、モチベーションを持続させることは困難をきわめます。毎日、モチベーションを自分に言い聞かせることのできる人がいったいどれほどいるのでしょうか。仕事や留学などなんらかの事情があって、なにがなんでもやらざるをえないという人は、いてもごくわずかです。残念ながら、大半の人のモチベーションは、時が経過するにつれて、だんだんと薄れていってしまいます。

　しかしながら、一方でちゃんと英語が話せるようになった人がいるのもまた厳然たる事実です。私の見るところ、彼もしくは彼女はおしなべて「モチベーション」を「ルーティーン」へと変換しています。毎日、決まった時間（たとえば、朝起きてすぐ、など）に決まった量（たとえば、1日30分）をこなしているのです。「よし、やるぞ！」とそのつど気合いを入れるのではなく、歯磨きをするように、気張らずに淡々

はじめに　005

とこなしている。習慣化してしまえば、いちいちモチベーションを高めることもありません。ましてや、難行苦行に挑む強い精神力も不必要です。英語習得のコツは、英語学習をルーティーンにすること。これに尽きるのではないでしょうか。

ネイティブはみなさんの間違いを気にしていない！

みなさんはヘンな英語をしゃべることを極度に恐れてはいませんか。実際のところ、あなたが思っているほどネイティブは間違いを気にしてはいません。というか、ネイティブでさえも、しょっちゅう間違いをおかしているのです。間違いを恐れるより、「自分の英語がつうじた！」という喜びのほうに目を向けてください。そうしたポジティブな戦略をとったほうが、コミュニケーションすることの楽しさを実感するはずです。

＊　　＊　　＊　　＊

本書の企画・編集をしてくださった中野和彦氏はなかなかの英語の使い手です。聞けば、留学をすることなしに、フレーズ学習を基本にして勉強したようです。ここにもまた成功例があったというわけです。訳者の里中哲彦氏はさらにその上を行きます。彼もまた留学経験がありません。しかし、さまざまなフレーズと豊富な語彙を駆使して、難なく英語を手なずけています。このお二人に共通していることは、間違いをすることなど少しも気にせず、がんがんしゃべって自分の言いたいことを相手に伝えてしまう点です。

本書が、みなさんの英語学習に役立つことを願ってやみません。Happy reading!

キャサリン・A・クラフト

〔発音のカタカナ表記について〕

　本書で示しているカタカナ表記に違和感を持つ読者もいらっしゃるかもしれません。

　カタカナ表記に限界があることは認めます。たとえば、〈th〉の発音です。"think"は〔シンク〕ではありません。〈th〉の音は、舌先を両歯の間にはさんだ音で、これは日本語にはない音です。本書では〔**スィン**k〕と書いてありますが、スペルのなかに〈th〉があったら「舌先を両歯の間にはさんだ音」というのを忘れないでください、と言うほかありません。

　とはいえ、ある単語とある単語が結びついた場合、発音記号がまったく役立たないこともあります。たとえば、〈Can I ～ ?〉を〔キャン・アイ〕と発音するネイティブはいません。日本語でいうところの〔ケナイ〕か〔キャナイ〕に限りなく近いのです。

　問題は「そのカタカナ読みでつうじるか、つうじないか」です。カタカナでどう表記すれば英語の音に近くなるのか。そのことを念頭において、カタカナ表記をあえて採用しました。うまくいったかどうか（＝つうじたかどうか）は、みなさんのフィードバックを待つしかありませんが、効果は抜群だと確信しています。

著者

〔母音と子音について〕

　英語の音は、大別すると母音と子音の2つがあります。日本語にはアイウエオの5つの母音がありますが、英語の母音は「ア」と「オ」の中間音などをはじめ10以上あります。

　また、日本語は「ん」と「っ」を除けば、「さ」であれ、「ぐ」であれ、「ぱ」であれ、母音を含みますが、英語は子音が連続するという特徴があります。たとえば、"spring"は〔spríŋ〕です。しかし日本人は、それぞれに母音をつけて〔su-pu-rin-gu〕とやってしまいがちです。なかでも語末のp/t/k/b/d/gはほとんど聞こえない音になることがあります。本書では、こうしたことをかんがみて、たとえばromantic〔ロゥ**マァ**ンティッk〕のように、子音をあえてアルファベットにするなどの工夫をしています。また、下唇を上の歯で噛んで出す〈v〉の音は〔ヴ〕と表記しています。

編訳者

〔「ネイティブ」という表現について〕

　本文中で使っている「ネイティブ」や「ネイティブスピーカー」は、native speakers of English（英語を母語にしている者）のことですが、日本ではすでに一般的になっているため、この表記にしたがいました。

編訳者

Contents

はじめに　　　　　　　　　　　　　　　　　　　　3

Part I　サラッと口に出したい英語フレーズ

「～してもいいですか?」　Can I ~?　　　　　　　14

「～をいただけますか?」　May I have ~?　　　　17

「～しても大丈夫ですか?」　Is it OK ~?　　　　20

「～させて」　Let me ~　　　　　　　　　　　　23

「今までに～したことはある?」　Have you ever ~?　26

「～したことがない」　I've never ~　　　　　　29

「～する時間だ」　Time to ~　　　　　　　　　32

「～の予定はどうなっていますか?」

　　　　　　　　What're your plans for ~?　　35

「～しなくっちゃ」　I have to ~　　　　　　　　38

「～しなくてもいいよ」　You don't have to ~　　41

「偶然だね!」　What a coincidence!　　　　　　44

「～をありがとう」　Thank you for ~　　　　　47

「～してごめんね」　I'm sorry ~　　　　　　　50

「～しようよ」　Let's ~　　　　　　　　　　　53

「～しませんか?」　Why don't we ~?　　　　　56

「～したらどう?」　Why don't you ~?　　　　　59

「～しようか?」　Do you want me to ~?　　　　62

「～をいただきたいのですが」　I'd like ~　　　65

「～したいのですが」　I'd like to ~　　　　　68

「どちらかというと～したい」　I'd rather ~　　71

column I 　How を使って感情を上手に伝えよう　　74

009

Part II さり気なく使いたい英語フレーズ

「できれば〜」	If possible, ~	76
「〜ということですか?」	Do you mean ~?	79
「ここが〜の場所です」	This is where ~	82
「〔レストランで〕〜にします」	I'll have ~	85
「〜はどんな感じ?」	What is ~ like?	88
「〜はどうですか?」	How do you like ~?	91
「〜を探しているんだけど」	I'm looking for ~	94
「それはね〜だからだよ」	That's because ~	97
「そんなわけで〜」	That's why ~	100

「〜するのは今回がはじめてです」

This is my first time ~*ing*　103

「〜するのは久しぶりだなあ」

It's been a long time since I ~　106

「(日頃から)〜するようにしています」

I (always) try to ~　109

「〜を楽しみにしているよ」	I look forward to ~	112
「〜はいやだなあ」	I dread ~	115
「きっと〜だと思う」	I'm sure ~	118

「〜しようかなと思ってるんだけど」

I'm thinking about ~*ing*　121

「〜を持ってきてあげるね／〜を買ってきてあげるね」

I'll get you ~　124

「それは〜しだいだね」	That depends on ~	127

[column II] ちゃんと口に出して褒めることが大切です　130

Part Ⅲ とっさに言いたい英語フレーズ

「〜の調子がおかしいんです」
There's something wrong with ~　132

「〜がんばって！」 Good luck on ~ !　135

「〜おめでとう！」 Congratulations on ~ !　138

「それは〜のようだね」 Sounds ~　141

「〜そうだね」 Looks ~　144

「彼はたぶん〜だよ」 He is probably ~　147

「もう少しで〜するところ」 I almost ~　150

「〜してくれませんか？」 Would you (please) ~?　153

「〜していただけますか？」 Could you (possibly) ~?　156

「〜があります」 There is ~　159

「はい、これ〜です」 Here's ~　162

「〜じゃない?」 Isn't it ~?　165

「で、〜は?」 How about ~?　168

「〜だといいね」 I hope ~　171

「〜だといいなあ」 I wish ~　174

「せっかくだけど〜／残念だけど〜」 I'm afraid ~　177

column Ⅲ 相手の意見や考えをたずねるときには？　180

contents | 011

Part Ⅳ 自然に話したい英語フレーズ

「おいくらですか?」　How much is it?	182
「よく〜するの?」　How often do you ~?	185
「以前は〜していた」　I used to ~	188
「〜は何階ですか?」　What floor is ~ on?	191
「どこで〜できますか?」　Where can I ~?	194
「〜してはどうですか」　Maybe you should ~	197
「よくも〜できますね」　How can you ~?	200
「〜なんて大嫌い」　I hate ~	203
「〜だろうか」　I wonder if ~	206
「〜するのを忘れちゃった」　I forgot to ~	209
「〜について聞かせて」　Tell me about ~	212
「まさか〜とは思わなかった」　I never thought ~	215
「〜したらどうしよう?」　What if ~?	218

column Ⅳ	日本人が間違って使いがちな「Me too.（私も）」	221

本文DTP／センターメディア

012

Part I

サラッと口に出したい
英語フレーズ

01

〜してもいいですか?

Can I ~?

発音はこんなふうに

○ **キャナイ／ケナイ**　　✕ キャン・アイ

〈Can I ＋動詞の原形 ?〉は、相手に〈許可〉を求めるとき
に用いるフレーズです。日本語の「〜してもいい?」や「〜で
きるかな?」にあたるカジュアルな表現です。

◆ **Can I use your bathroom?**（トイレを借りてもいい?）

　仲のよい友だちなら、このように言うのがふつうです。しか
し、その友だちがまだ知り合ったばかりだったりしたら、次の
ように言います。

◆ **Could I use your bathroom?**

（トイレをお借りしてもよろしいでしょうか?）

　〈Can I 〜 ?〉を〈Could I 〜 ?〉にすれば丁寧な表現にな
ると覚えておきましょう。〈Could I〉は〔クダィ〕と発音し
ます。

　「いいよ／もちろん」と応じるときは、〈Can I 〜 ?〉であ
れ〈Could I 〜 ?〉であれ、Sure./ Of course you can. な
どの表現をよく用います。逆に、「できません／ちょっと困り
ます」なら、I'm afraid you can't. と答えます。

　〈許可〉を求めるフレーズというと、日本人は〈May I 〜 ? 〉
を使う傾向がありますが、これはかなりかしこまった表現で、
目上の人にへりくだってお願いするときに用います（17 ペー
ジ参照）。友人や同僚には〈Can I 〜 ?〉を使うのが一般的です。

👍 〔 **チャレンジしてみよう！** 〕

① 〔レジで／ **Can** で始めて〕
スマホで支払ってもいいですか？

---

② 〔 **Can** で始めて〕
トイレをお借りしてもいいですか？

---

③ 〔 **Can** で始めて〕
ここで写真を撮ってもいいですか？

---

④ 〔 **Can** で始めて〕
ちょっとおたずねしてもいいですか？

---

⑤ 〔有名人を見かけて／ **Could** で始めて〕
サインをいただけますか？

Part I　サラッと口に出したい英語フレーズ　015

ネイティブならこう言う！

❶ 〔レジで／ Can で始めて〕

Can I pay with my phone? （スマホで支払ってもいいですか？）

＊アメリカでは電子マネーで支払いをするとき、ふつうはこのように言います。また、Can I use Apple Pay?／Can I use Google Pay? のように具体的に指定して言うこともよくあります。

❷ 〔Can で始めて〕

Can I use your bathroom?

（トイレをお借りしてもいいですか？）

＊トイレや洗濯機など、移動できないものを「借りる」場合は、"use"を用います。また、家庭のトイレは一般に"bathroom"を使います。

❸ 〔Can で始めて〕

Can I take pictures here? （ここで写真を撮ってもいいですか？）

＊博物館や美術館のなかには写真撮影が禁止されているところがあります。わからないときは、このように聞いてみましょう。

❹ 〔Can で始めて〕

Can I ask you something?

（ちょっとおたずねしてもいいですか？）

＊日本語の「ちょっとおたずねしてもいいですか？／ちょっとお聞きしてもいいですか？」にあたる表現です。

❺ 〔有名人を見かけて／ Could で始めて〕

Could I have your autograph? （サインをいただけますか？）

＊autograph〔**オー**トグラァーf〕「(有名人の) サイン」

016

02

〜をいただけますか？
May I have ~?

（発音はこんなふうに）

○ メアィハヴ

✕ メイ・アイ・ハブ

　〈May I ＋動詞の原形 ?〉は、相手に〈許可〉を求める丁寧な表現です。それに "have" をつけ足して〈May I have 〜 ?〉とすれば、〈依頼〉のフレーズになります。これは、Please tell me 〜（〜を教えてください）や Please give me 〜（〜をください）とほぼ同じ意味で、物や情報などがほしいときに使える便利な表現です。たとえば、レストランなどでお勘定をしたい場合は、次のように言います。

◆ May I have the check?

　（お勘定をお願いします）

　また、文末に "please" をつけると、さらに丁寧になります。

◆ May I have your passport, please?

　（パスポートを拝見できますか？）

◆ May I have your name, please?

　（お名前をお伺いできますか？）

　Water, please.（水ください）のように、〈ほしいもの＋please〉ですべて押しとおしている人を見かけますが（もちろん、これでつうじますが）、言い方によっては、ぶっきらぼうに聞こえる場合があるので注意してください。

Part I　サラッと口に出したい英語フレーズ｜**017**

👍 チャレンジしてみよう！

① 〔レストランで〕
メニューをいただけますか？

---

② 〔レストランで／まだ注文を決められないでいるときに〕
もうちょっと待っていただけますか？

---

③ 〔キャビンアテンダントやウエイトスタッフに〕
コーヒーをもう一杯いただけますか？

---

④ 〔最後に please をつけて〕
連絡先を教えていただけないでしょうか？

---

⑤ 〔最後に please をつけて〕
お名刺を頂戴できますか？

ネイティブならこう言う！

❶〔レストランで〕

May I have a menu? （メニューをいただけますか？）

＊「レシートをください」なら、May I have the receipt? と言います。
receiptの発音は〔リスィート〕です。

❷〔レストランで／まだ注文を決められないでいるときに〕

May I have a few more minutes?

（もうちょっと待っていただけますか？）

＊ネイティブは「もう数分いただけますか？」という言い方をよくします。

❸〔キャビンアテンダントやウエイトスタッフに〕

May I have a refill of coffee?

（コーヒーをもう一杯いただけますか？）

＊refill〔リフィゥ〕「（飲み物の）おかわり」

＊= May I have another cup of coffee?

＊= May I have some more coffee?

❹ May I have your contact information, please?

（連絡先を教えていただけないでしょうか？）

＊contact information「連絡先（情報）」

❺〔最後に please をつけて〕

May I have your business card, please?

（お名刺を頂戴できますか？）

＊business card「名刺」（name cardは「名札」の意味で用いられる
ことが多いのでご注意ください）

Part I サラッと口に出したい英語フレーズ | 019

03

～しても大丈夫ですか？

Is it OK ~?

発音はこんなふうに

○ イズィロゥケイ

× イズ・イット・オーケー

〈Is it OK if 主語＋動詞 ?〉は、「～しても大丈夫ですか？」
と〈許可〉を求めるくだけたフレーズです。

◆ **Is it OK if I use yours?**

（あなたのを使わせてもらっても大丈夫？）

〈Is it OK to ＋動詞の原形 ?〉のように、後ろを〈to *do*〉
で結んでたずねることもあります。飛行機や電車に乗ったとき
は、次のフレーズをよく耳にします。

◆ **Is it OK to recline my seat?**

（座席を後ろに倒しても大丈夫ですか？）

＊recline one's seat「座席を後ろに倒す」

◆ **Is it OK to change seats?**

（座席の変更はできますか？）

＊change seats「座席を変更する」（seatsと複数形にします）

「いいですよ／もちろん」と応じるときは、Sure./ Of
course./ That's fine. などと言います。

◆ A：**Is it OK to take pictures?**

（写真を撮っても大丈夫ですか？）

B：**That's fine.**（けっこうですよ）

逆に、ダメなときは I'm afraid not.（ご遠慮ください）な
どと言われてしまいます。

チャレンジしてみよう！

①〔if を用いて〕

ここに座ってもいいですか？

----

②〔パーティに招待されて／ if を用いて〕

友だちを連れて行ってもいいですか？

----

③〔if を用いて／ we を用いて〕

中を見てまわっても大丈夫ですか？

----

④〔家の玄関先やレストランなどの入口で／ to do を用いて〕

傘をここに置いてもいいですか？

----

⑤〔神社などの建物の前で／ to do を用いて〕

靴を履いたまま中へ入っても大丈夫ですか？

PartⅠ　サラッと口に出したい英語フレーズ　│　021

ネイティブならこう言う！

❶ 〔if を用いて〕

Is it OK if I sit here?

（ここに座ってもいいですか？）

❷ 〔パーティに招待されて／ if を用いて〕

Is it OK if I bring a friend? （友だちを連れて行ってもいいですか？）

＊bring A「Aを連れて行く」

❸ 〔if を用いて／ we を用いて〕

Is it OK if we look around inside?

（中を見てまわっても大丈夫ですか？）

＊look around「見てまわる」

＊inside「中で，内側に」（⇔ outside「外で，外側に」）

❹ 〔家の玄関先やレストランなどの入口で／ to do を用いて〕

Is it OK to leave my umbrella here?

（傘をここに置いてもいいですか？）

＊leave A「Aを置いたままにしておく」

❺ 〔神社などの建物の前で／ to do を用いて〕

Is it OK to wear shoes inside?

（靴を履いたまま中へ入っても大丈夫ですか？）

＊wear shoes inside「靴を履いたままで中にいる」

～させて
Let me ~

発音はこんなふうに

○ レッミ
× レット・ミー

「私に～させてください」と〈許可〉や〈容認〉を求める表現です。〈Let me ＋ 動詞の原形〉の形で用います。

◆ **Let me have a look at it.** (ねえ、それ、見せて)
  *have[take] a look at A「Aを見る」

◆ **Let me show you this.** (これをご覧になってください)
  *show A B「AにBを見せる」

◆ **Let me know as soon as possible.**
  (できるだけ早く教えてね)
  *as soon as possible「できるだけ早く」

相手に質問したいときは、次のような決まり文句があります。

◆ **Let me ask you something.** (ちょっと聞いてもいいかな)

「もし～だったら知らせてください」は、次のような定型フレーズ（Let me know if ～）を使います。

◆ **Let me know if you need help.**
  (力になれることがあったら言ってくださいね)

◆ **Let me know if you have any questions.**
  (質問があれば遠慮なくどうぞ)

◆ **Let me know if you change your mind.**
  (気が変わったら言ってね)
  *change one's mind「気が変わる，意見を変える」

Part I　サラッと口に出したい英語フレーズ ｜ 023

👍 チャレンジしてみよう！

① ちょっと考えさせてください。

---

② 〔check を用いて〕
スケジュールを見てみます。

---

③ 〔help を用いて〕
それ、手伝ってあげる。

---

④ 〔get back to A というイディオムを用いて〕
それに関しては、あとで連絡します。

---

⑤ 〔in advance というイディオムを用いて〕
日本に来るようなことがあれば、事前に教えてね。

ネイティブならこう言う！

❶ Let me think about it.

（ちょっと考えさせてください）

＊thinkは〔シンク〕ではなく、〔スィンク〕です。

＊think about A「Aのことを考える」

❷〔check を用いて〕

Let me check my schedule.

（スケジュールを見てみます）

＊check A「Aを調べる，Aをチェックする」

❸〔help を用いて〕

Let me help you with that.

（それ、手伝ってあげる）

＊help A with B「AのBを手伝う」（"help"の直後に「人」はおくことができても、「事」をおくことはできません）

❹〔get back to A というイディオムを用いて〕

Let me get back to you on that.

（それに関しては、あとで連絡します）

＊get back to A「Aにあとで返事をする（返事を書く，電話をする）」

＊on that「それに関しては」

❺〔in advance というイディオムを用いて〕

Let me know in advance if you come to Japan.

（日本に来るようなことがあれば、事前に教えてね）

＊in advance「前もって，あらかじめ」（＝ beforehand）

Part I　サラッと口に出したい英語フレーズ｜ 025

05 今までに～したことはある？

Have you ever ~?

発音はこんなふうに

◯ ハヴュエヴァ

✕ ハブ・ユー・エバー

〈Have you ever + 過去分詞形 ?〉は、〈経験〉をたずねるフレーズです。日本語の「これまでに～したことがある？／今までの人生で～したことはありますか？」にあたります。

◆ **Have you ever done this before?**

（今までにこんなことをやったことがある？）

*before「以前に，過去に」

〈Have you〉の後ろに "ever" を入れるのがポイントです。この場合の "ever" は、「今までに，これまでに」の意味です。

◆ **Have you ever tried scuba diving?**

（これまでにスキューバダイビングをやったことがある？）

"ever" の後ろに動詞の原形をおいてしまうミスが目につきます。

（×）**Have you ever <u>try</u> Thai food?**

（◯）**Have you ever <u>tried</u> Thai food?**

（タイ料理を食べたことがある？）

*try A（food / drink）「Aを食べてみる，Aを飲んでみる」

現在完了（have *done*）の文なので、過去分詞形をおくということを忘れないでください。

チャレンジしてみよう！

① 〔**feel an earthquake** を用いて〕
地震を経験したことがありますか？

---

② 新幹線に乗ったことがありますか？

---

③ コリアン料理を食べたことがある？

---

④ 富士山に登ったことある？

---

⑤ ハワイへ行ったことある？

Part I　サラッと口に出したい英語フレーズ ｜ 027

ネイティブならこう言う！

❶ 〔feel an earthquake を用いて〕

Have you ever felt an earthquake?

（地震を経験したことがありますか？）

＊日本人とは違い、世界には地震を経験したことがないという人がたくさんいます。

＊feel an earthquake「地震を感じる，地震を経験する」

（= experience an earthquake）

❷ Have you ever taken the shinkansen?

（新幹線に乗ったことがありますか？）

＊take the shinkansen「新幹線を使う」（「乗る」という行為そのものについて言及しているのではないので、ここでは乗り物を「利用する」という意味の"take"を使います）

❸ Have you ever tried Korean food?

（コリアン料理を食べたことがある？）

＊Koreanは〔クリーアン〕と発音します。

❹ Have you ever climbed Mt. Fuji?

（富士山に登ったことある？）

＊climb（登る）は〔クラィm〕と読みます。"b"は発音しません。

❺ Have you ever been to Hawaii?

（ハワイへ行ったことある？）

＊〈have gone to A〉は「Aへ行ってしまって、今ここにはいない」〈完了・結果〉をあらわすので、ここでは使えません。

028

04

〜したことがない
I've never ~

発音はこんなふうに

◯ アィ（ヴ）ネヴァ

✕ アイブ・ネバー

「これまでに〜したことがない／今までに一度も〜したことがない」にあたるのが〈I've never ＋過去分詞形〉です。最後に、before（以前に）をつけることもよくあります。

◆ **I've never thought of that (before).**

（そんなことは考えたこともない）

＊think of A「Aを思いつく」

イントネーション（抑揚）に気をつけましょう。"never"のところを強く発音して、否定文であることを強調します。また、"I've"の〈ve〉の音は弱く発音されるので、ほとんど聞こえてきません。

◆ **I've never heard such a thing.**

（そんな話は聞いたこともない）

「Aへは一度も行ったことがありません」は、〈I've never been to A〉と言います。

◆ **I've never been to Okinawa.**

（沖縄へは行ったことがないんだ）

＊「そこへは行ったことがない」は、〈I've never been there.〉です。
  "there"は副詞なので、"been"の後ろに前置詞 の"to"はつけません。

Part I　サラッと口に出したい英語フレーズ ｜ **029**

チャレンジしてみよう！

① 海外暮らしはしたことがありません。

----

② 皇居へは行ったことがありません。

----

③ 〔before を最後に用いて〕
これまでに一度も飛行機に乗ったことがないんだ。

----

④ 〔before を最後に用いて〕
こんな気持ちは初めてよ。

----

⑤ 〔before を最後に用いて〕
こんな光景を見るのは初めてです。

ネイティブならこう言う！

❶ I've never lived overseas.

（海外暮らしはしたことがありません）

＊live overseas「海外で暮らす」

❷ I've never been to the Imperial Palace.

（皇居へは行ったことがありません）

＊the Imperial Palace「皇居」（imperial「天皇の，皇室の，皇帝の」）

＊palace〔**パァ**レs〕「宮殿」

❸〔before を最後に用いて〕
I've never flown before.

（これまでに一度も飛行機に乗ったことがないんだ）

＊fly「飛ぶ→飛行機で行く，飛行機を利用する」（過去分詞形は"flown"
で，〔フ**ロ**ウn〕と読みます）

❹〔before を最後に用いて〕
I've never felt like this before.

（こんな気持ちは初めてよ）

＊feel like this「このように感じる，こんな気持ちになる」

❺〔before を最後に用いて〕
I've never seen anything like this before.

（こんな光景を見るのは初めてです）

Part I　サラッと口に出したい英語フレーズ ｜ 031

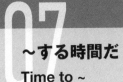

～する時間だ
Time to ~

発音はこんなふうに

◯ タイムトゥ
✕ タイム・ツー

「～する時間だ」と自分に向かって言ったり、「～する時間ですよ」と相手に伝えたりするときの表現です。これは〈It's time to ＋動詞の原形〉を短くしたもので、ネイティブは前半部を省略して〈Time to ～ 〉とだけ言ってしまいます。

- **Time to go.** (そろそろ行かないと)
- **Time to go to bed.** (寝る時間よ)
- **Time to make dinner.** (そろそろ夕食をつくらなくっちゃ)
- **Time to get a new computer.**
  (そろそろ新しいパソコンを買わなくっちゃ)
- **Time to feed the dog.** (犬にエサをあげる時間だ)
- **Time to walk the dog.** (犬を散歩に連れていく時間だ)

「～の時間だ」という場合は、"for" で結んで、その後ろに名詞をおきます。

- **Time for lunch.** (ランチの時間だ)
- **Time for a break.** (休憩の時間よ)
  *break「休憩」(take a break「休憩をとる」)
- **Time for bed.** (寝る時間よ)
- **Time for a toast.** (まずは乾杯しよう)
  *toast「乾杯」

① 〔Time to で始めて〕
もう起きないと。

---

② 〔Time to で始めて〕
そろそろ着替えないと。

---

③ 〔Time to で始めて〕
仕事へ行く時間だ。

---

④ 〔子どもに向かって／ Time for で始めて〕
お昼寝の時間よ。

---

⑤ 〔Time for で始めて〕
お薬の時間よ。

ネイティブならこう言う！

❶ 〔Time to で始めて〕

Time to get up. （もう起きないと）

＊wake up（目覚める）とget up（起きる，起き上がる）を混同しないようにしてください。

＊「そろそろ寝る時間よ」は、Time to go to bed. / Time for bed. などと言います。

❷ 〔Time to で始めて〕

Time to get dressed. （そろそろ着替えないと）

＊get dressedは「身なりを整える」のニュアンス。仕事に出かけたり、所用があって外出したりするときに用います。change clothesはたんに「着替える」のイメージ。

❸ 〔Time to で始めて〕

Time to go to work. （仕事へ行く時間だ）

＊子どもに「学校へ行く時間よ」と声をかける場合は、Time to go to school. / Time for school.などと言います。

❹ 〔子どもに向かって／ Time for で始めて〕

Time for a nap. （お昼寝の時間よ）

＊nap〔**ナァッ**p〕「（日中の）昼寝、うたたね」

＊自分自身に対して用いれば、「昼寝の時間だ／ちょっと昼寝しよっと」のニュアンスをだすことができます。

❺ 〔Time for で始めて〕

Time for your medicine. （お薬の時間よ）

034

08

～の予定はどうなっていますか？
What're your plans for ~?

発音はこんなふうに

○ ワラヨォ・プランズフォ

× ホワッター・ユア・プランズ・フォア

「予定」をたずねる場合は、かならず plans と複数形にします。単数形の plan を用いると、目的達成や問題解決に至る「計画」というニュアンスがただよってしまいます。

◆ **What're your plans for tomorrow?**

(明日の予定はどうなっていますか？)

後ろの前置詞 "for" にも注目してください。この "for A" は「Aに向けて」の意味で使われています。

この質問に答えるときは、be ～ing / be going to do / be planning to do などが使われます。

◆ **I'm having lunch with a friend.**

(友だちとランチをする予定です)

＊have lunch「昼食を食べる」

「～は予定がありますか？」なら、〈Do you have any plans for ～?〉とします。

◆ **Do you have any plans for the weekend?**

(週末は予定がありますか？)

カジュアルな口語では、"Do you have" を省略します。

◆ **Any plans for the weekend?**

(週末の予定はあるの？)

Part I サラッと口に出したい英語フレーズ | 035

👍 チャレンジしてみよう！

① 週末の予定はどうなっていますか？

---

② 今夜の予定はどうなってる？

---

③ クリスマスの予定はどうなっていますか？

---

④ このあとの予定はどうなってる？

---

⑤〔retirement を用いて〕
退職後はどうするつもり？

ネイティブならこう言う！

❶ What're your plans for the weekend?

（週末の予定はどうなっていますか？）

＊「何もないけど」と応じる場合は、I don't have any plans.
と言います。

❷ What're your plans for tonight?

（今夜の予定はどうなってる？）

＊「サッカーの試合を見に行く予定なんだ」と応じる場合は、
I'm planning to go see the soccer game.と言います。

❸ What're your plans for Christmas?

（クリスマスの予定はどうなっていますか？）

＊さりげなく「24日は何か予定があるの？」と聞きたい場合は、
Do you have any plans on the 24th? と言います。

❹ What're your plans for later?

（このあとの予定はどうなってる？）

＊「とくに何も（ない）」と応じる場合は、Nothing in particular.と言
います。

❺ 〔retirement を用いて〕
What're your plans for retirement?

（退職後はどうするつもり？）

＊「旅をして過ごすつもり」なら、I plan to travel.と言います。

＊What are your plans for after graduation?（卒業後はどうする
つもり？）もあわせて覚えておきましょう。

Part I　サラッと口に出したい英語フレーズ　｜　037

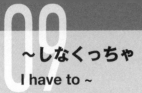

～しなくっちゃ
I have to ~

発音はこんなふうに

○ アイハフタ
× アイ・ハブ・トゥ

〈I have to + 動詞の原形〉は「～しなければならない」という意味で、規則や周囲の状況などから、そうしなければならないことをあらわします。「～しなければならない」という意味になるのは、「これからやるべきこと（to *do*）をもっている（have）」と考えられているからです。〈have to〉は〔ハフタ〕と読みます。この場合、〈v〉の音は濁りません。

インフォーマルな会話では、〈have to〉とほぼ同じ意味の〈have got to〉がよく用いられます。

なお、この場合、省略形（'ve）になることが多く、発音は〔ヴガッタ〕となります。また、〈've〉の音が消え、〔ガッタ〕とか〔ガラ〕と読むこともよくあります。

◆ **I have to go now.**（もう行かないと）
= **I've got to go now.**

以下のような表現も口慣らしをしておきましょう。

過去形：I had to ～「～しなければならなかった」

*〈had to〉は「ハッタ」と読みます。

疑問文：Do I have to ～？「～しなければならないの？」

*〔ドゥアイハフタ〕と読みます。

038

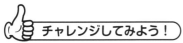

① もう行かなくちゃ。

---

② ごめん。仕事に戻らなきゃ。

---

③ 〔have got to を用いて〕
明日の朝は早起きしなきゃいけないんだ。

---

④ タクシーで家まで帰らなければならなかった。

---

⑤ 追加料金を支払わなくてはならないのですか？

ネイティブならこう言う！

❶ I have to go now.

（もう行かなくちゃ）

＊I have to run.（急がなくっちゃ）と言うこともあります。
この場合、runは「急ぐ，急いで行く」の意味です。

❷ Sorry. I have to go back to work.

（ごめん。仕事に戻らなきゃ）

＊go back to work「仕事に戻る」（= get back to work）

❸〔have got to を用いて〕
I've got to get up early tomorrow morning.

（明日の朝は早起きしなきゃいけないんだ）

＊get up early「早起きする」

❹ I had to take a taxi home.

（タクシーで家まで帰らなければならなかった）

＊take a taxi「タクシーを利用する」

＊I had to walk home.（歩いて帰宅しなければならなかった）
もあわせて覚えておきましょう。

❺ Do I have to pay extra?

（追加料金を支払わなくてはならないのですか？）

＊extra〔**エ**クストゥラ〕「追加で，余分に，割り増しで」

10

～しなくてもいいよ
You don't have to ~

発音はこんなふうに

◯ ユドンハフタ

✕ ユー・ドント・ハヴ・トゥ

＊"have"の〈v〉が濁音の〔ヴ〕ではなく、清音の〔フ〕になります。

〈You don't have to ＋動詞の原形〉は「(無理に)～しなくてもいいよ」という意味です。「～してはならない」という意味の〈禁止〉ではなく、「～する必要はない」という〈不必要〉のニュアンスを伝えます。

◆ **You don't have to be so serious.**

(そんなに真面目に考えなくてもいいんだよ)

このフレーズには2つの用法があります。1つは、相手を気づかうとき。たとえば、食後のあと片づけを手伝ってくれようとする人に、「そんなことしなくてもいいから」と声をかけるときなどに使います。2つめは、相手をなだめるとき。えんえんと大声でわめき散らす人などに向かって、「(わかったから)もう大きな声を出さないでよ」と言いふくめるときに用います。

◆ **You don't have to do that.**

(そんなことしなくていいわよ)

◆ **You don't have to shout.**

(大声ださないでよ)

＊shout「大声を出す，叫ぶ」

Part I　サラッと口に出したい英語フレーズ｜**041**

👍 チャレンジしてみよう！

① 〔食事のあと、片づけを手伝おうと申し出たゲストに〕
そんなことしなくてもいいから。

---

② 謝る必要なんてありません。

---

③ 折り返しの電話はけっこうです。

---

④ バスを乗り換える必要はありません。

---

⑤ 〔命令ばかりする人に〕
わかったから、私に命令しないで。

ネイティブならこう言う！

❶ 〔食事のあと、片づけを手伝おうと申し出たゲストに〕
You don't have to do that.

（そんなことしなくてもいいから）

＊無理して食べようとしているゲストに「全部食べなくてもいいからね」
と声をかけるときは、〈You don't have to eat it all.〉と言います。

❷ You don't have to apologize.

（謝る必要なんてありません）

＊apologize〔ァ**パ**ラジャイz〕「謝る，謝罪する」

❸ You don't have to call me back.

（折り返しの電話はけっこうです）

＊call A back「Aに電話をかけ直す」

❹ You don't have to change buses.

（バスを乗り換える必要はありません）

＊change buses「バスを乗り換える」

＊change trains「電車を乗り換える」

❺ 〔命令ばかりする人に〕
You don't have to tell me what to do.

（わかったから、私に命令しないで）

＊tell A what to do「Aに何をすべきかを伝える→Aに指示する，A
に命令する」

Part I　サラッと口に出したい英語フレーズ　｜　043

11

偶然だね！
What a coincidence!

発音はこんなふうに

◯ ワラ・コゥインスィデン s

✕ ホワット・ア・コーインシデンス

"what" を使った感嘆文は〈What a/an（＋形容詞）＋名詞 ＋（主語＋動詞！）の語順となります。大切なことは名詞を強める感嘆文だということです。

◆ **What a coincidence!**（偶然ですね！）

＊coincidence「偶然の一致」

◆ **What a surprise!**（びっくりした！）

◆ **What a mess!**（散らかってるなあ！）

＊mess「乱雑な状態，取り散らかし」

◆ **What a pain!**（面倒くさい！）

＊pain (in the neck)「面倒なこと，うんざりさせるもの」

◆ **What a night!**（最高の夜だね／さんざんな夜だね！）

＊〈What a night!〉はWhat a great night!（最高の夜だなあ！）
とWhat a terrible night!（さんざんな夜だなあ！）という２つの
意味があります。言い方しだいで決まります。

◆ **What a day!**（素晴らしい日だね！／最悪の日だね！）

わかりきっている場合、主語と動詞はセットで省略されます。

◆ **What a nice couple (they are)!**（なんて素敵な夫婦なの！）

名詞が複数形ならば、もちろん a/an は必要ありません。

◆ **What beautiful cherry blossoms!**（なんて見事な桜なの！）

044

① 世の中は狭いね！

----

②〔迫力のあるアクション映画を観ながら／ride を用いて〕
わあ！ めっちゃすごいね！

----

③〔We lost by a game-ending homer.（さよならホームランで試合に負けちゃった）と悔しがる人に〕
ほんとに残念だったね！

----

④〔We have to fold 200 pamphlets.（200 枚もパンフレットをたたまないといけない）との同僚の言葉に応じて〕
ああ、面倒くさい！

----

⑤〔助手席に座っている友人の、That guy just cut in front of us!（あいつ、割り込んだ）という言葉に応じて〕
何てヤツだ！

ネイティブならこう言う！

❶ What a small world!

（世の中は狭いね！）

❷ 〔迫力のあるアクション映画を観ながら／ ride を用いて〕

Wow! What a ride!

（わあ！　めっちゃすごいね！）

＊ride「乗り心地のよさ→予想もしていなかった快感，素晴らしい体験」

❸ 〔We lost by a game-ending homer.（さよならホーム ランで試合に負けちゃった）と悔しがる人に〕

What a shame!

（ほんとに残念だったね！）

＊shame「残念なこと，不運なこと」

＊shameは〔シェーム〕ではなく、〔**シェ**イm〕と読みます。

＊＝ That's a shame./ That's too bad.の強調形です。

❹ 〔We have to fold 200 pamphlets.（200 枚もパンフレ ットをたたまないといけない）との同僚の言葉に応じて〕

Oh! What a pain!

（ああ、面倒くさい！）

❺ 〔助手席に座っている友人の、That guy just cut in front of us!（あいつ、割り込んだ）という言葉に応じて〕

What a jerk (he is)! （何てヤツだ！）

＊jerk〔**ジャ**ーk〕「バカ者，間抜け」（学校英語では登場しない単語で しょうが、日常会話では頻繁に使われています）

12

～をありがとう
Thank you for ~

発音はこんなふうに

○ センキュフォ

✕ サンキュー・フォア

「～をありがとう」は、〈Thank you〉の後ろに前置詞 "for" をつけます。そして、"for" の後ろは、名詞か動名詞（～ing）をおきます。

◆ A : How's your father?（お父さんはいかが？）

B : He's getting better. Thank you for asking.

（良くなってます。お心づかいありがとう）

〈Thank you for asking.〉の文字どおりの意味は「たずねてくれてありがとう」ですが、日本人がよく使う「ご心配くださりありがとう／お心づかいありがとう」にあたります。たいへんよく使う表現なので、相手の心づかいを感じたら、ぜひこのひとことを添えてみましょう。

〈Thank you very much for ～〉は丁寧な響きがありますが、〈Thanks for ～〉はいくぶんくだけた感じがします。

◆ Thank you very much for your advice!

（ご助言ありがとうございました！）

◆ Thanks for coming today.

（きょうは来てくれてありがとう）

＊"thanks"は名詞の複数形（強意複数）で、単数形（thank）で用いることはありません。

Part I　サラッと口に出したい英語フレーズ ｜ 047

👍 チャレンジしてみよう！

① いろいろとありがとう。

② 〔メールで〕
ご返信ありがとう。

③ ご心配くださりありがとう／お心づかいありがとう。

④ お時間を割いていただき、ありがとうございました。

⑤ 〔very much をつけて〕
いろいろとご迷惑をおかけしてすみませんでした。

ネイティブならこう言う！

❶ Thank you for everything. （いろいろとありがとう）

＊このように言われたら、You're welcome.（どういたしまして）/
That's OK.（いいんですよ）/ No problem.（お安いご用ですよ）
などと応じます。

❷〔メールで〕
Thank you for your reply. （ご返信ありがとう）

＊quick（すばやい）という形容詞を入れて、Thank you for your
quick reply.（すぐにご返信をいただきありがとう）というフレーズ
もよく使います。

❸ Thank you for asking.
（ご心配くださりありがとう／お心づかいありがとう）

❹ Thank you for your time.
（お時間を割いていただき、ありがとうございました）

＊自分のために相手が時間を取ってくれたことに対して、感謝の気持ち
をあらわす表現です。会話だけでなく、手紙やメールの最後に「お時
間を取って読んでいただき、ありがとうございました」というときに
もよく使われます。

❺〔very much をつけて〕
Thank you very much for all your trouble.
（いろいろとご迷惑をおかけしてすみませんでした）

＊trouble〔t**ラ**ボゥ〕「面倒，骨折り」

Part I　サラッと口に出したい英語フレーズ　049

13

～してごめんね
I'm sorry ~

発音はこんなふうに

◯ アィ m サーリ

✕ アイム・ソーリー

「謝罪」の基本フレーズとして、〈I'm sorry (that) ＋主語＋動詞〉を覚えましょう。フォーマルな場面以外では、"that" はふつう省略されます。

◆ **I'm sorry I'm late.** （遅くなってごめん）

◆ **I'm sorry I didn't reply.** （返事をしなくてごめんなさい）

　口語では、"I'm" を省略することがよくあります。

◆ **Sorry I missed your call.**

　（電話に出られなくてごめんね）

　＊miss A「Aを取り逃がす，Aを聞き逃す」

◆ **Sorry I didn't finish on time.**

　（時間どおりに終わらずにごめんなさい）

　＊on time「時間どおりに」

「悪いけど、～」と、相手の申し出を断わったりする場合は、〈I'm sorry, but ～〉を用いるのが一般的です。

◆ **I'm sorry, but I can't accept your offer.**

　（悪いけど、申し出は受けられません）

　＊accept A「A（申し出・招待など）を受け入れる」

◆ **I'm sorry, but I can't do that.**

　（すみませんが、それはできません）

050

 チャレンジしてみよう！

① 遅れてごめん。

---

② 〔couldn't を用いて〕
都合をつけられなくってごめんなさい。

---

③ 〔let A down を用いて〕
がっかりさせちゃってごめんね。

---

④ 悪いけど、きょうのランチはキャンセルさせて。

---

⑤ 悪いけど、ここでのタバコはご遠慮ください。

ネイティブならこう言う！

❶ I'm sorry I'm late.

（遅れてごめん）

＊"I'm"を省略して、〈Sorry I'm late.〉ということもよくあります。

❷〔couldn't を用いて〕

I'm sorry I couldn't make it.

（都合をつけられなくってごめんなさい）

＊make it「都合をつける」（この表現は使用頻度が高いので、ぜひ覚えてください）

❸〔let A down を用いて〕

I'm sorry I let you down.

（がっかりさせちゃってごめんね）

＊let A down「Aをがっかりさせる，Aを失望させる」
（= disappoint A）

❹ I'm sorry, but I have to cancel lunch today.

（悪いけど、きょうのランチはキャンセルさせて）

＊cancel〔**キャ**ンセゥ〕「中止する」

❺ I'm sorry, but you can't smoke here.

（悪いけど、ここでのタバコはご遠慮ください）

14

〜しようよ
Let's 〜

発音はこんなふうに

◯ レッツ ✕ ゥレッツ

＊「レ」の音は舌を上の歯の裏につけましょう）

提案や申し出をするときの、おなじみの表現です。でも、場合によっては、押しつけがましいニュアンスが出ることがあるので注意が必要です。〈Let's ＋ 動詞の原形〉はすでに相手と意見が一致していることが前提になっている際に用いることが多いため、〈Let's 〜〉を多用すると、有無を言わさない軽い命令と捉えられることがあり、相手に自己中心的との印象を与えかねません。相手の気持ちを尊重したい場合は、56ページで取りあげている〈Why don't we 〜 ?〉をおすすめします。

ときおり Shall we 〜 ?（一緒に〜しましょうよ？）を使っている人を見かけますが、ひじょうに古めかしい表現とみなされています。ところが、これが Should we 〜 ?（一緒に〜しましょうよ？）になると、あちらこちらで耳にする丁寧な表現になります。「ちょっと休憩しようよ」は、次のように言いあらわすことができます。

（？）Shall we take a break?

（◯）Should we take a break?

（◯）Let's take a break.

（◯）Why don't we take a break?（56ページ参照）

＊take a break「休憩をとる」

Part I　サラッと口に出したい英語フレーズ　│　053

👍 **チャレンジしてみよう！**

① 散歩でもしようよ。

- -

② 明日にはこれを終わらせようよ。

- -

③ 〔try を用いて〕
　新しくできたイタリアン・レストランへ行ってみようよ。

- -

④ すぐにまた会おうね。

- -

⑤ 〔bill を用いて〕
　割り勘にしましょう。

- -

ネイティブならこう言う！

❶ Let's go for a walk.

（散歩でもしようよ）

＊go for a walk「散歩に出かける」

❷ Let's finish this tomorrow.

（明日にはこれを終わらせようよ）

❸〔try を用いて〕

Let's try that new Italian restaurant.

（新しくできたイタリアン・レストランへ行ってみようよ）

＊try A「（初めて）Aを試してみる」

❹ Let's get together soon.

（すぐにまた会おうね）

＊get together「集まる，会う，つどう」

❺〔bill を用いて〕

Let's split the bill.

（割り勘にしましょう）

＊「割り勘でいく」は「勘定書（the bill）」を「均等に割る（split）」と表
現するのが一般的な用法です。

＊＝ Let's split the check.

Part I　サラッと口に出したい英語フレーズ ｜ **055**

15

～しませんか？
Why don't we ~?

発音はこんなふうに

○ **ワィドンウィ／ワィロンウィ**

✕ ワーイ・ドント・ウィ

〈Why don't we ＋動詞の原形 ?〉は「（一緒に）～しませんか？／～するのはどうでしょう？」という意味の〈提案〉をあらわします。

◆ **Why don't we take a 30-minute break and grab some lunch?**

（30 分ほど休憩して、さっとランチをとりませんか？）

＊grab (some) lunch「急いでランチをとる」

〈Let's ～〉とほぼ同じ意味を伝えることができますが、何が違うのでしょうか。よくよく観察してみると、上品な大人は、〈Let's ～〉より丁寧な表現である〈Why don't we ＋動詞の原形 ?〉を使っていることに気づきます。疑問文の形をとることで、〈Let's ～〉より押しつけがましさがだいぶ弱まるのです。これからはもっと〈Why don't we ～?〉を使ってみましょう。

◆ **We're all tired. Why don't we call it a day?**

（みんな疲れたよね。きょうはこれぐらいにしておきませんか？）

＊call it a day「そのあたり（it）を 1 日ぶんの仕事と呼ぶ→きょうの仕事を終える，（仕事などを）終わりにする，切りあげる」

056

① 映画にでも行きましょうよ。

---

② だめもとでやってみようよ。

---

③ 金曜日に飲みに行こうよ。

---

④ 今晩、一緒に食事でもどうですか？

---

⑤ シオリがどう思っているか聞いてみようよ。

ネイティブならこう言う！

❶ Why don't we go see a movie?

（映画にでも行きましょうよ）

＊go (and) see a movie「映画を観に行く」

❷ Why don't we give it a try?

（だめもとでやってみようよ）

＊give it a try「やってみる，挑戦する」

❸ Why don't we go out for a drink on Friday?

（金曜日に飲みに行こうよ）

＊go out for a drink「外に飲みに出かける」

❹ Why don't we go out for dinner tonight?

（今晩、一緒に食事でもどうですか？）

＊同意するときは、Good idea.（いいね／そうしよう）、同意しかねる
　ときは後ろに理由をつけて、Let's not. I'm too tired.（やめておこ
　うよ。疲れているんだ）などと言います。

❺ Why don't we ask Shiori what she thinks?

（シオリがどう思っているか聞いてみようよ）

＊what she thinks「彼女が何を考えているかということ→彼女がどう
　思っているかということ」

16

～したらどう？
Why don't you ~?

発音はこんなふうに

○ ワィドンチュ

✕ ホワイ・ドント・ユー

〈Why don't you + 動詞の原形？〉は二つの意味で用いられます。ひとつは、文字どおり「どうして～なの？」にあたる意味です。

◆ **Why don't you do it yourself?**

（どうして自分でやらないの？／自分でやったら？）

もうひとつは、「～したらどう？」と軽い命令調で提案・勧誘するときの表現です。「～したらいかがですか？」という丁寧さはありません。たいてい親しい間柄で用い、目上の人には使いません。なぜかというと、人によっては「命令されているように感じることがある」からです。言い方によっては、上の文は「自分でやりなさい」という含みがあり、相手の行為を非難しているように聞こえます。

〈Why not ＋動詞の原形？〉という形にしても同じ意味になります。

◆ **Why not bring your umbrella just in case?**

（念のために傘を持っていったら？）

＊just in case「念のため，万が一のときに備えて」

◆ **Why not use this?**

（これを使ってみたら？）

Part I サラッと口に出したい英語フレーズ | 059

👍 チャレンジしてみよう！

① 2、3日、休みをとったら？

----

② 夜行バスを使ったら？

----

③ 彼女にメールしてみたら？

----

④ なんとか言ったらどうなの？

----

⑤〔Why not で始めて／ feel を用いて〕
　あなたの本心を彼に伝えてみたら？

ネイティブならこう言う！

❶ Why don't you take a few days off?

（2、3日、休みをとったら？）

＊take A off「A（ある期間）の休みをとる」

❷ Why don't you take the night bus?

（夜行バスを使ったら？）

＊night bus「夜行バス」（= overnight bus）

❸ Why don't you text her?

（彼女にメールしてみたら？）

＊text A「（携帯電話で）Aにメールする」

❹ Why don't you say something?

（なんとか言ったらどうなの？）

＊「なに黙ってるの？／なんか言いなさいよ」というニュアンスがあります。

❺〔Why not で始めて／ feel を用いて〕

Why not tell him how you really feel?

（あなたの本心を彼に伝えてみたら？）

＊how you really feel「あなたが本当にどのように感じているかということ→あなたの本当の気持ち」

Part I　サラッと口に出したい英語フレーズ　│　061

17

～しようか？
Do you want me to ~?

発音はこんなふうに

○ ドゥユワァンミトゥ

✕ ドー・ユー・ウォント・ミー・トゥ

日本人の場合、「～しましょうか？」ときたら、〈Shall I ～ ?〉を思い浮かべる人が多いですね。しかし、たいへん堅苦しく響くので、ネイティブはあらたまった場でしか使いません。

申し出をあらわすフレンドリーな表現としてネイティブがよく使っているのは〈Do you want me to ＋動詞の原形 ?〉です。

直訳すると、「あなたは～することを私に望みますか？」になりますが、「～しようか？」というカジュアルな言いまわしとして覚えておいてください。〈Do you want me〉の部分に見られるように、あくまでも相手の意思を尊重した疑問文になっています。〈Do you want me to ～ ?〉のくだけた表現が"Do you"を省略した〈Want me to ～ ?〉で、この丁寧ヴァージョンは〈Would you like me to ～ ?〉です。ここまでの説明を例文を出しながら整理してみます。どれも「コーヒーをいれましょうか？」という意味を伝えています。

◆ Shall I make coffee? 《たいへんフォーマル》

◆ Would you like me to make coffee? 《ファーマル》

◆ Should I make coffee? 《カジュアル》

◆ Do you want me to make coffee? 《カジュアル》

◆ Want me to make coffee? 《たいへんカジュアル》

062

チャレンジしてみよう！

① 〔Do you 〜 で始めて〕
ジャスミン茶をいれようか？

---

② 〔Do you 〜 で始めて〕
車で迎えにいこうか？

---

③ 〔Want me 〜 で始めて〕
家まで車で送っていこうか？

---

④ 〔Want me 〜 で始めて / gone を用いて〕
あなたが留守の間、ネコにエサをやってあげようか？

---

⑤ 〔Want me 〜 で始めて〕
肩をさすってあげようか？

ネイティブならこう言う！

❶〔Do you 〜 で始めて〕

Do you want me to make jasmine tea?

（ジャスミン茶をいれようか？）

＊jasmine〔**ジャ**スミn〕

❷〔Do you 〜 で始めて〕

Do you want me to pick you up?

（車で迎えにいこうか？）

＊pick A up「Aを車で迎えにいく」

❸〔Want me 〜 で始めて〕

Want me to drive you home?

（家まで車で送っていこうか？）

＊drive A home「Aを家まで車で送る」

❹〔Want me 〜 で始めて／ gone を用いて〕

Want me to feed your cat while you're gone?

（あなたが留守の間、ネコにエサをやってあげようか？）

＊feed A「Aにエサを与える」

＊be gone「出かけている」（この"gone"は「いなくなって」という意味の形容詞です）

❺〔Want me 〜 で始めて〕

Want me to rub your shoulders?

（肩をさすってあげようか？）

＊rub A「Aをさする，Aをなでる」

18

～をいただきたいのですが
I'd like ~

（ 発音はこんなふうに ）

○ アイ d ライ k

× アイ・ウッド・ライク

I want A.（Aがほしい）の丁寧表現です。〈I'd like + 名詞〉の形で用います。初対面の人、あまり親しくない人、目上の人に対して使います。英語には敬語表現がないと思っている人がいますが、それは間違いで、英語にも多数あります。

◆ **I'd like an explanation.**

（ご説明をいただきたいのですが）

◆ **I'd like a refund.**

（払い戻しをしていただきたいのですが）

＊refund〔**リ**ファンd〕「払い戻し（金），返金」

「Aはいかがですか？」は〈Would you like A?〉と言います。〔**ウジュ**ライ k〕と発音してみましょう。Do you want A?（Aがほしい？）の丁寧表現です。何かを勧めるときや要望をたずねるときの決まり文句です。ちなみに、この意味ではDo you like A?（×）とは言いません。

◆ **Would you like something to eat?**

（何か食べ物はいかがですか？）

◆ **Would you like a Coke?**

（コーラはいかがですか？）

◆ **Would you like some ice cream?**

（アイスクリームはいかがですか？）

Part I　サラッと口に出したい英語フレーズ ｜ 065

① 〔ツアーの受付窓口で／information を用いて〕
ツアーのことでお伺いしたいのですが。

---

② 〔商品を購入した店に引き返して〕
返金してほしいのですが。

---

③ 〔ファストフード店で〕
ケチャップを多めにしてください。

---

④ 〔家に招待したゲストに〕
飲み物はいかがですか？

---

⑤ 〔家に招待したゲストに〕
もう一杯いかがですか？／
飲み物のおかわりはいかがですか？

ネイティブならこう言う！

❶ 〔ツアーの受付窓口で／ information を用いて〕

I'd like some information about the tour.

（ツアーのことでお伺いしたいのですが）

＊"information"のところをadvice（助言）としてもOKです。

〔例〕I'd like some advice about investing.（投資についてちょっとお聞きしたいのですが）

❷ 〔商品を購入した店に引き返して〕

I'd like a refund. （返金してほしいのですが）

＊I'd like my money back.と言うこともあります。

❸ 〔ファストフード店で〕

I'd like more ketchup, please.

（ケチャップを多めにしてください）

＊I'd like more cheese, please.（チーズを多めにしてください）なども覚えておきましょう。

❹ 〔家に招待したゲストに〕

Would you like something to drink?

（飲み物はいかがですか？）

＊= Would you like a drink?

❺ 〔家に招待したゲストに〕

Would you like another one?

（もう一杯いかがですか？／飲み物のおかわりはいかがですか？）

＊= Would you like a refill?

Part I　サラッと口に出したい英語フレーズ　**067**

19

～したいのですが

I'd like to ~

（発音はこんなふうに）

○ アィダライ k トゥ

× アイ・ウッド・ライク・トゥ

〈I would like to ＋動詞の原形〉の短縮形で、自分の希望や願望を伝えるときの表現です。〈I would like to〉のように発音してもいいのですが、一般に会話では短く言ってしまいます。「～したい」ではなく、「～したいのですが」という丁寧なニュアンスがあります。

◆ I'd like to go to the Art Institute of Chicago.

（シカゴ美術館に行ってみたいです）

I want to ～（～したい）ばかりを連発しすぎると、なんだか小さな子どもが「……したいよぉ」とダダをこねているように聞こえるときがあるので、目上の人や初対面の人にお願いごとをするときは I'd like to ～ を使いましょう。

「～したいですか？／～するのはいかがですか？」と相手に何かを勧めるときは〈Would you like to ＋ 動詞の原形？〉になります。〔ウッド・ユー・ライク・トゥ〕ではなく、〔ウジュライ k トゥ〕と発音してみましょう。

◆ Would you like to discuss it over lunch?

（それについてランチを食べながら話しませんか？）

＊discuss A「Aについて話し合う」（＝ talk about A）

＊over lunch「昼食を食べながら」

068

チャレンジしてみよう！

① 〔レストランに電話をして〕
　予約をしたいのですが。

---

② 〔レストランのウェイトスタッフに〕
　ワインリストを見たいのですが。

---

③ 〔ショップの店員さんに〕
　これを試着したいのですが。

---

④ 〔友人に参加を呼びかけて〕
　ご一緒しませんか？

---

⑤ 〔ゲストに〕
　何をお飲みになりますか？

Part I　サラッと口に出したい英語フレーズ　069

ネイティブならこう言う！

❶〔レストランに電話をして〕

I'd like to make a reservation.

（予約をしたいのですが）

＊make a reservation「予約をする」

＊「予約をキャンセルしたいのですが」なら、I'd like to cancel my reservation.と言います。

❷〔レストランのウェイトスタッフに〕

I'd like to see the wine list.（ワインリストを見たいのですが）

＊I'd like to cancel my order.（注文を取り消したいのですが）もあわせて覚えておきましょう。

❸〔ショップの店員さんに〕

I'd like to try this on.（これを試着したいのですが）

＊try on A / try A on「Aを試着する」

❹〔友人に参加を呼びかけて〕

Would you like to join us?（ご一緒しませんか？）

＊「あなたもわたしたちの仲間に加わりませんか？」が文字どおりの意味ですが、「どうですか、一緒に？」といったニュアンスで使ってみましょう。

❺〔ゲストに〕

What would you like to drink?

（何をお飲みになりますか？）

20

どちらかというと～したい
I'd rather ~

発音はこんなふうに

○ アィ (d) ラザァ

✕ アイド・ラザー

「どちらかというと～したい／むしろ～したい」にあたる表現が〈I would rather ＋動詞の原形〉ですが、くだけた表現では、短く〈I'd rather ～〉と言ってしまいます。その場合、〈d〉の音はほとんど聞こえてきません。

◆ **I'd rather do it myself.**（自分でやってみたいです）

＊「他人にやってもらうよりも自分でやりたい」という願望を伝える表現であることを感じとってください。

古くからある言いまわしで、rather（むしろ）の語尾に "er" がついていることからわかるように比較表現の一種です。つまり、「（比較対象）よりむしろ」というニュアンスがあることを忘れないでください。

◆ **I'd rather go tomorrow.**（どちらかというと明日行きたい）

＊I'd rather go tomorrow (than today).などのように、後ろは文脈上わかりきっている "than ～ " が省略されています。「どちらかというと～したくない」は〈I'd rather not ＋ 動詞の原形〉で言いあらわします。

◆ **I'd rather not talk about it.**

（どちらかというと、それについては話したくない）

Part I　サラッと口に出したい英語フレーズ │ **071**

チャレンジしてみよう！

① A : Let's go out for dinner!
　　　（夕飯は外に食べに行きましょうよ）
　　B : 家のほうがいいなあ。

② A : Want some wine?
　　　（ワインでもどう？）
　　B : ビールのほうがいいなあ。

③〔決断を迫られて〕
　ちょっと待って。

④ どちらかというと、そのことについては議論したくない。

⑤〔イヴェントに招待されて〕
　一人じゃ行きたくないなあ。

ネイティブならこう言う！

❶ A：Let's go out for dinner!

（夕飯は外に食べに行きましょうよ）

B：I'd rather stay home.

（家のほうがいいなあ）

＊I'd rather stay home (than go out)と考えてみましょう。

❷ A：Want some wine?

（ワインでもどう？）

B：I'd rather have beer.

（ビールのほうがいいなあ）

＊I'd rather have beer (than wine).と考えてみましょう。

❸〔決断を迫られて〕

I'd rather wait. （ちょっと待って）

＊「ちょっと時間をください」というニュアンスで用います。

＊I'd rather wait (than decide now). と考えてみましょう。

❹ I'd rather not discuss it.

（どちらかというと、そのことについては議論したくない）

＊I'd rather not think about it.（どちらかというと、それについて
は考えたくない）もあわせて覚えておきましょう。

❺〔イヴェントに招待されて〕

I'd rather not go by myself.

（一人じゃ行きたくないなあ）

＊by oneself「一人ぼっちで」(= alone)

Part I サラッと口に出したい英語フレーズ｜**073**

column 1

How を使って感情を上手に伝えよう

何か強い印象を受けて、「なんという……だろう！」と強調する文が感嘆文です。

◆ **How beautiful!**（なんてきれいなの！）

◆ **How cute!**（なんてかわいいの！）

◆ **How nice!**（素敵！）

〈How 〜 !〉は、〈How +形容詞（副詞）+主語+動詞！〉という語順になり、形容詞や副詞を強調します。注意すべきは、"how" の直後に名詞はおかないということです。「あなたって本当に親切ね！」は次のように言いあらわします。

（○）**How kind of you!**

（×）**How kindness of you!**

"How" の後ろの形容詞が人の性質をあらわす単語である場合は、このように〈of +人〉を入れることがよくあります。上の文は〈It was very kind of you.〉を感嘆文にしたものだと考えてください。

また、前後の文脈からわかりきっている場合、主語と動詞はセットで省略されます。たとえば、ある有名ミュージシャンのコンサートチケットが抽選に当たって取れたとしましょう。そのとき、あなたは次のように喜びましょう。

◆ **How lucky (I am)!**（ラッキー！）

なお、"what" を使った感嘆文は 44 ページをご参照ください。

Part II

さり気なく使いたい
英語フレーズ

21

できれば～
If possible, ~

発音はこんなふうに

○ イフパスィブゥ

✕ イフ・ポッシブル

〈if possible〉は、if (it's) possible（それが可能であれば）の短縮形です。お願いごとをするときに使えば、相手の意思を尊重しているというへりくだったニュアンスを出すことができます。

◆ **If possible, schedule the meeting in the morning.**

（できれば、会議は午前中に入れておいてください）

＊schedule A「Aをスケジュールに入れる」

◆ **If possible, I'd like to have a video conference with you on April 21st.**

（可能であれば、4月21日にテレビ会議をしたいのですが）

＊video conference「テレビ会議」

〈if possible〉は文頭におくことが多いのですが、以下のように文末におくこともあります。

◆ **Please reply by 5:00 today, if possible.**

（できましたら、きょうの5時までにお返事をください）

〈if possible〉は、ほぼ if you can（できれば）と同じ意味を伝えることができます。したがって、上の英文は次のように言うことも可能です。

◆ **= Please reply by 5:00 today, if you can.**

チャレンジしてみよう！

① できれば、会議を火曜日に移動しようよ。

----

② できれば、水曜日にお伺いしたいのですが。

----

③〔ホテルの部屋を予約するときに〕
　できれば、海が眺められる部屋がいいのですが。

----

④〔飛行機や電車の座席を予約するときに〕
　できれば、通路席がいいのですが。

----

⑤〔レストランの案内係に／文末で〈if possible〉を用いて〕
　できれば、テラスのテーブル席がいいのですが。

Part Ⅱ　さり気なく使いたい英語フレーズ　077

ネイティブならこう言う！

❶ If possible, let's move the meeting to Tuesday.

（できれば、会議を火曜日に移動しようよ）

＊move A to B「AをBに移動する」

❷ If possible, I'd like to visit you on Wednesday.

（できれば、水曜日にお伺いしたいのですが）

❸〔ホテルの部屋を予約するときに〕

If possible, I'd like a room with a view of the ocean.

（できれば、海が眺められる部屋がいいのですが）

＊room with a view of A「Aが眺められる部屋」

❹〔飛行機や電車の座席を予約するときに〕

I'd like an aisle seat, if possible.

（できれば、通路席がいいのですが）

＊aisle〔**アィ**ゥ〕「通路（の）」

＊window seat「窓側の席」

❺〔レストランの案内係に／文末で〈if possible〉を用いて〕

I'd like a table on the patio, if possible.

（できれば、テラスのテーブル席がいいのですが）

＊patio〔**パァ**ティオゥ〕「（戸外での食事などに使われる）テラス」

＊table in the very back「いちばん奥のテーブル席」

＊table over there「あそこのテーブル席」

078

～ということですか？
Do you mean ~?

発音はこんなふうに

○ ドゥユミーン

✕ ドゥ・ユー・ミーン

〈Do you mean ＋主語＋動詞 ?〉は「(つまり) ～ということを言っているのですか？」という確認の表現です。

◆ **Do you mean this is better?**

(こっちのほうがいいってこと？)

"mean" は「意味する」という動詞で、このフレーズは相手の言ったことを確かめるときに使います。

「本気で言う」の意味でも用いられます。また、カジュアルな場面では、アタマの "Do" を省略して〈You mean ～ ?〉と言ったり、really (本当に) という副詞を入れたりします。

◆ **You really mean it?**

(本気で言ってるの？/それ、マジ？)

＊it = what you're saying (あなたが言っていること)/
what you said (あなたが言ったこと)

相手の意図や話の内容がわからないときは次のように言います。

◆ **What do you mean (by that)?**

(それってどういう意味？/何を言いたいの？)

＊〔**ワ**リューミn〕と発音します。

＊= What does that mean?

＊= What are you trying to say?

Part Ⅱ　さり気なく使いたい英語フレーズ｜079

👍 チャレンジしてみよう！

① 〔**Do you** で始めて／最後に **for good** を用いて〕
オーストラリアに帰っちゃうってこと？

---

② 〔**You** で始めて〕
つまり、あなたたちはひと晩じゅう飲んでたってこと？

---

③ 〔**You** で始めて〕
つまり、エリックと別れたってこと？

---

④ 〔**You** で始めて〕
A：The meeting is next Friday. （会議は次の金曜です）
B：つまり、19日の金曜日のこと？

---

⑤ 〔**You** で始めて／ **really** を用いて〕
本気で言ってるの？

ネイティブならこう言う！

❶〔Do you で始めて／最後に for good を用いて〕

Do you mean you are going back to Australia for good? （オーストラリアに帰っちゃうってこと？）

＊be going back to A「Aに戻るつもりである」

＊for good「永久に」（= forever）

❷〔You で始めて〕

You mean you guys were drinking all night?

（つまり、あなたたちはひと晩じゅう飲んでたってこと？）

＊you guys「あなたたち」（= you all）

❸〔You で始めて〕

You mean you broke up with Eric?

（つまり、エリックと別れたってこと？）

＊break up with A「A（恋人など）と別れる」

❹〔You で始めて〕

A：The meeting is next Friday.

（会議は次の金曜です）

B：You mean Friday the 19th?

（つまり、19 日の金曜日のこと？）

❺〔You で始めて／ really を用いて〕

You really mean it? （本気で言ってるの？）

＊mean A「Aを本気で言う」

＊= You really mean what you're saying?

Part Ⅱ　さり気なく使いたい英語フレーズ ｜ 081

23 ここが〜の場所です
This is where ~

発音はこんなふうに

◯ ディスィズウェア

✕ ディス・イズ・ホエア

〈This is where ＋主語＋動詞〉は、「ここが〜の場所です／この場所で〜します」にあたる表現で、観光地などを案内するときによく使われます。

◆ **This is where the accident happened.**

（ここで事故が起こったのです）

◆ **This is where the anime geeks get together.**

（ここはアニメオタクが集まる場所です）

＊"anime"は「日本のアニメ」をあらわす言葉として辞書にも載るようになりました。

＊geek〔**ギ**ーk〕「オタク，マニア」

＊最近では、「アニメオタク」は"anime otaku(s)"と言ってもつうじるようになりました。

＊get together「（社交などの目的のために非公式に）集まる」

〈This is where 〜〉は〈This is the place where 〜〉の"the place"が省略された形。省略せずに言うこともあります。

◆ **This is the place where I grew up.**

（ここは私が育ったところです）

= **This is where I grew up.**

= **This is the place (that) I grew up in.**

＊この"that"は関係代名詞（= which）です。

082

👍 チャレンジしてみよう！

① 〔This is where で始めて〕
   ここは若い人たちのデートスポットです。

---

② 〔This is where で始めて〕
   ここが行列の始まりです。

---

③ 〔This is where で始めて〕
   ここは地元の人たちがよく飲みに行くエリアです。

---

④ 〔電車の中で会話していた人に／ This is where で始めて〕
   私はここで降ります。

---

⑤ 〔This is the place where で始めて〕
   ここが地震があったところです。

Part Ⅱ　さり気なく使いたい英語フレーズ　083

ネイティブならこう言う！

❶ 〔This is where で始めて〕

This is where young people go on dates.

（ここは若い人たちのデートスポットです）

＊go on a date「デートに出かける」

❷ 〔This is where で始めて〕

This is where the line starts.

（ここが行列の始まりです）

＊「ここが行列の最後尾ですか？」は、Is this where the line ends?
と言います。

❸ 〔This is where で始めて〕

This is where local people go drinking.

（ここは地元の人たちがよく飲みに行くエリアです）

＊local〔**ロゥクゥ**〕「地元の」

＊go drinking「飲みに出かける」

❹ 〔電車の中で会話していた人に／ This is where で始めて〕

This is where I get off. （私はここで降ります）

＊get off「（電車を）降りる」（⇔ get on「（電車に）乗る」）

❺ 〔This is the place where で始めて〕

This is the place where the earthquake happened.

（ここが地震があったところです）

＊happen「（地震が）起こる」（= occur）

084

24

〔レストランで〕～にします
I'll have ~

発音はこんなふうに

○ アイ (ゥ) ハァ v

✕ アイ・ウィル・ハヴ

　レストランや機内で食べ物や飲み物を注文するときの便利な表現です。「～にします」や「～お願いします」にあたる定番フレーズです。それでは、レストランで飲み物を注文しているところを覗(のぞ)いてみましょう。

◆ A：Can I get you something to drink?

　　（何かお飲み物をお持ちしましょうか？）

　B：I'll have a Heineken, please.

　　（ハイネケンをください）

　C：Can I have a glass of red wine, please?

　　（私はグラスで赤ワインをいただけますか？）

　また、上のCのように、Can I have[get] ～ ？（～をいただけますか？）と言ってもかまいません。

　〈Give me ～〉や〈～ please〉はぶしつけな表現ではないかと思われる読者もいるかもしれませんが、これは言い方しだいです。フレンドリーな表情で言えば失礼ということはありません。ファストフード店など、カジュアルなところではよく耳にする表現です。

◆ Give me a Coke. （コーラちょうだい）

◆ Two beers, please. （ビール2つね）

Part II　さり気なく使いたい英語フレーズ | 085

👍 チャレンジしてみよう！

① 〔レストランで〕

A：Are you ready to order?（ご注文はお決まりですか？）
B：この魚料理にします。

---

② 〔レストランで／メニューを指さして〕

これにします。

---

③ 〔レストランで〕

私も同じものをください。

---

④ 〔レストランで〕

お水をください。

---

⑤ 〔カフェで／ Can I ～ ? で始めて〕

アイスコーヒーをいただけますか？

ネイティブならこう言う！

❶ 〔レストランで〕

A：Are you ready to order? （ご注文はお決まりですか？）

B：I'll have the fish. （この魚料理にします）

＊the fish (dish)「魚料理」

❷ 〔レストランで／メニューを指さして〕

I'll have this. （これにします）

＊メニューを指さしながら「これにします」というときの定番表現です。
〈I'll have this one.〉と言ってもOKです。

❸ 〔レストランで〕

I'll have the same. （私も同じものをください）

＊前の人と同じものを注文するときのフレーズです。かならず "the" を
つけて、〈the same〉と言うようにしましょう。

❹ 〔レストランで〕

I'll have water. （お水をください）

＊「氷抜きで」とつけ加えたい場合は、"No ice, please." と続けます。

❺ 〔カフェで／ Can I ～ ? で始めて〕

Can I have iced coffee?

（アイスコーヒーをいただけますか？）

＊日本語では「アイスコーヒー」と言いますが、英語ではiced coffee（氷
で冷やしたコーヒー）というのがふつうです。ですが、最近では "ice
coffee" と言う人もいます。

Part Ⅱ　さり気なく使いたい英語フレーズ　│　**087**

25

～はどんな感じ？
What is ~ like?

発音はこんなふうに

○ ワリィズ・～・ライ k

× ワット・イズ・～・ライク

　この "like" は「～のような」という意味の前置詞です。前置詞の後ろは通例、名詞をおくので、その名詞がわからないときは疑問詞の "what" を用います（"how" ではありません）。

　直訳をすると、「S（= subject / 主語）はどのようなものですか？」ですが、「Sってどんな感じ？」というニュアンスで用います。Sには〈人・場所・物・事〉をおきます。

◆ **What is your new boss like?**

（今度の上司はどんな感じの人？）

*boss〔**ボー** s〕「上司，上役」

◆ **What is Finland like?**

（フィンランドってどんなところ？）

　「～するのはどんな感じ？／～であるのはどんな感じ？」は、形式主語（it）をおき、後ろを to do / doing で結びます（未来・想像上のことは to do、過去・現状のことは doing が好まれます）。

◆ **What is it like to live in Paris?**

（パリの暮らしってどんな感じなのかなあ？）

◆ **What is it like being famous?**

（自分が有名人であるってどんな感じなの？）

① あなたのお父さんってどんな感じの人？

---

② あなたの故郷はどんなところなの？

---

③ 子どもの頃はどんなふうだった？

---

④ 〔後ろに **to** *do* をつけて〕
東京での一人暮らしはどうするつもり？

---

⑤ 〔後ろに **being** をつけて〕
退職してどんな気分？

ネイティブならこう言う！

❶ What is your father like?

（あなたのお父さんってどんな感じの人？）

❷ What's your hometown like?

（あなたの故郷はどんなところなの？）

＊hometown〔**ホゥ** mタゥn〕「生まれ故郷の町，子ども時代を過ごした町」

❸ What was your childhood like?

（子どもの頃はどんなふうだった？）

＊childhood〔**チャ**イゥフッ d〕「子どもの頃，子ども時代」

❹〔後ろに to do をつけて〕

What's it like to live in Tokyo by yourself?

（東京での一人暮らしはどうするつもり？）

＊it（形式主語）= to live in Tokyo by yourself

＊by oneself「一人ぼっちで」（= alone）

❺〔後ろに being をつけて〕

What's it like being retired?

（退職してどんな気分？）

＊it（形式主語）= being retired

＊being retired「退職状態にあること」

～はどうですか？

How do you like ~?

(発音はこんなふうに)

◯ ハゥデュヤライ k

✕ ハウ・ドゥ・ユー・ライク

　感想や印象を聞くときのフレーズです。日本人の場合、Do you like ～？（～は好きですか？）と言ってしまうことが多いのですが、これだと "Yes." か "No." だけで返答されることがあるので、会話がつながらない可能性があります。

　〈How do you like ～？〉を使えば会話の幅がもっと広がります。文字どおりの意味は「どれくらい～が好きですか？」ですが、日本人がよく使う「～はどう？／～はいかがですか？」にあたります。相手は具体的に感想を述べてくれるので、会話が弾むきっかけとなります。

◆ A：Hey, how do you like Osaka?

　　（ねえ、大阪はどう？）

　B：I love it!　The people are friendly, and there are so many kinds of food!

　　（大好き！ 人はやさしいし、いろんな食べ物があって最高！）

　＊It's OK.（まあまあ）／ I don't really like it.（あまり好きじゃない）
　　などの答え方も覚えましょう。

　"like" の後ろには名詞のほか動名詞（～ing）もおきます。

◆ How do you like living in Sendai?

　（仙台での暮らしはいかがですか？）

Part Ⅱ　さり気なく使いたい英語フレーズ｜**091**

👍 **チャレンジしてみよう！**

① 京都はいかがですか？

----

② 日本のカレーはいかがですか？

----

③ 今度のアパートはどう？

----

④ 日本の田舎暮らしはどう？

----

⑤ どう、結婚生活は？

ネイティブならこう言う！

❶ How do you like Kyoto?

（京都はいかがですか？）

❷ How do you like Japanese curry?

（日本のカレーはいかがですか？）

＊I love it! I'm surprised at how many kinds of curry there are!（大好き！ 種類の多さに驚きました！）などと応じる外国人がたくさんいます。

❸ How do you like your new apartment?

（今度のアパートはどう？）

＊It's great! It's much bigger than my old place.（最高！ 前のところよりずっと大きいし）などと答えます。

❹ How do you like living in the country in Japan?

（日本の田舎暮らしはどう？）

＊the country(side) / a rural area「田舎」

❺ How do you like being married?

（どう、結婚生活は？）

＊It's OK so far! It's only been a month.（今のところはまずまずよ。まだ1カ月だしね）などと応じます。

＊How do you like being a mom?（ママになった気分はどう？）などの表現も覚えましょう。こうした質問には、I love it! I've never been happier!（最高！ こんな幸せな気分は味わったことがないわ！）などと答えます。

Part Ⅱ　さり気なく使いたい英語フレーズ　│　093

27

～を探しているんだけど
I'm looking for ~

発音はこんなふうに

○ アィ m・ルッキンフォ

× アィム・ルッキング・フォア

使う頻度がひじょうに高いフレーズです。この "for" は〈願望〉をあらわす前置詞で、"for" の後ろにはかならず名詞をおきます。「～を求めて見る→～を探す」となったと考えれば覚えやすいでしょう。

◆ I'm looking for my phone. Have you seen it?

（スマホを探しているんだけど。見なかった？）

＊「スマホ」は"smartphone"ですが、会話では"phone"とだけ言ってしまいます。

疑問文は〈Are you looking for ～ ?〉で、くだけた会話では、最初の "are" は発音されず、〈You looking for ～ ?〉と聞こえてくることがあります。その場合であっても、上げ調子で言うことをお忘れなく。

知り合いなどに「何か探してるの？」と言う場合は〈Are you looking for something?〉と言いますが、店員がお客さんに対して言うときは、Hello. Are you looking for something?（いらっしゃいませ。何かお探しですか？）とか、May I help you find something?（何かお探しでしょうか？）ということが多いですね。見ているだけなら、I'm just looking, thanks.（ただ見ているだけです。ありがとう）と応じます。

094

チャレンジしてみよう！

① XYZ レンタカーを探しているんですが。

----

② メガネを探しているんだけど。Have you seen them?（見なかった？）

----

③〔コンビニで〕
電池を探しているんですが。Do you carry them?（置いていますか？）

----

④ 何か探してるの？

----

⑤〔「カギ」を複数形にして〕
カギを探しているの？　They're on the TV.（だったらテレビの上よ）

Part II　さり気なく使いたい英語フレーズ　｜　095

ネイティブならこう言う！

❶ I'm looking for XYZ Rent-A-Car.

（XYZ レンタカーを探しているんですが）

❷ I'm looking for my glasses.

（メガネを探しているんだけど）

Have you seen them?（見なかった？）

＊glasses「メガネ」（かならず複数形にします）

❸〔コンビニで〕

I'm looking for batteries.

（電池を探しているんですが）

Do you carry them?（置いていますか？）

＊battery〔**バタリ**〕「電池」

＊carry A「（店が在庫として）Aを持っている，Aを扱っている」

（＝ sell A）

❹ Are you looking for something?

（何か探してるの？）

＊〈Are you〉のところは〔アユ／アヨ〕と聞こえてきます。

❺〔「カギ」を複数形にして〕

Are you looking for your keys?

（カギを探しているの？）

They're on the TV.

（だったらテレビの上よ）

28

それはね〜だからだよ
That's because 〜

発音はこんなふうに

○ **ダッツビコー z**

× ザッツ・ビコウズ

　相手に理由を明確に伝える表現が〈That's because 〜 〉です。後ろにはかならず〈主語＋動詞〉の文をおきます。

◆ **That's because you work too hard.**

　（それはあなたが働きすぎだからだよ）

　〈It's because 〜 〉ということもありますが、「それはね」と主語を強調したいときは〈That's because 〜 〉を使う傾向があります。とはいえ、違いはさほどあるわけではありません。

◆ **It's because my father is from Germany.**

　（父がドイツ出身だからね）

　日本人にありがちなミスは、前置きもなしに "Because 〜 " で始めてしまうこと。「〈Why 〜 ?〉の質問に対して理由を答えるときのみ、〈Because 〜 〉を使う」と覚えておきましょう。

◆ **A : Why did you go to South Korea?**

　　（なぜ韓国へ行ったの？）

　B : Because I wanted to learn hip-hop dancing.

　　（ヒップホップのダンスを習いたいと思ったから）

　「to ＋動詞の原形」で答えることもよくあります。上の文の場合、To learn hip-hop dancing.（ヒップホップのダンスを習いたいから）と応じてもOKです。

Part II　さり気なく使いたい英語フレーズ　**097**

👍 チャレンジしてみよう！

① A：You seem so tired!（疲れきっているようだね）
　 B：ゆうべ遅くまで起きていたからね。

---

② 〔**Because** で始めて〕
　 A：Why were you late to work?
　　　（どうして仕事に遅刻したの？）
　 B：目覚ましが鳴らなかったんだ。

---

③ 〔**Because** で始めて〕
　 A：Why are you going to New Zealand?
　　　（何をしにニュージーランドへ行くの？）
　 B：イルカと一緒に泳いでみたいの。

---

④ 〔**To** で始めて〕
　 A：Why did you go to Kobe?
　　　（どうして神戸へ行くの？）
　 B：祖父母に会おうと思ってね。

---

⑤ 〔**To** で始めて／ **improve** を用いて〕
　 A：Why do you watch the news in English?
　　　（どうして英語でニュースを見るの？）
　 B：語彙を増やそうと思ってね。

ネイティブならこう言う！

❶ A：You seem so tired!（疲れきっているようだね）

　 B：That's because I was up late last night.

　　（ゆうべ遅くまで起きていたからね）

　＊be up late「寝ないで遅くまで起きている」

❷〔Because で始めて〕

　 A：Why were you late to work?

　　（どうして仕事に遅刻したの？）

　 B：Because my alarm didn't go off.

　　（目覚ましが鳴らなかったんだ）

　＊go off「（目覚まし・警報などが）鳴る」

❸〔Because で始めて〕

　 A：Why are you going to New Zealand?

　　（何をしにニュージーランドへ行くの？）

　 B：Because I want to swim with dolphins.

　　（イルカと一緒に泳いでみたいの）

❹〔To で始めて〕

　 A：Why did you go to Kobe?（どうして神戸へ行くの？）

　 B：To see my grandparents.

　　（祖父母に会おうと思ってね）

❺〔To で始めて／ improve を用いて〕

　 A：Why do you watch the news in English?

　　（どうして英語でニュースを見るの？）

　 B：To improve my vocabulary.

　　（語彙を増やそうと思ってね）

　＊improve[increase] one's vocabulary「語彙を増やす」

Part Ⅱ　さり気なく使いたい英語フレーズ｜ **099**

そんなわけで～
That's why ~

発音はこんなふうに

○ **ダッツワイ**

✕ ザッツ・ホワイ

　結果・結論を導く表現が〈That's why ～〉です。後ろには かならず〈主語＋動詞〉の文をおきます。「それは～が理由で ある」が文字どおりの意味ですが、「そんなわけで～／だから～」 という感覚で使ってみましょう。

◆ **That's why she got fired.**

（そんなわけで彼女はクビになったのさ）

＊get〔be〕fired「クビになる」

◆ **That's why he quit his job.**

（そんなわけで彼は仕事を辞めたんだ）

＊quit one's job「仕事を辞める」（"quit"の過去形は"quit"です。語 尾変化はしません）

◆ **That's why I told you not to do that.**

（だからそれをしないように言ったでしょ）

＊tell A not to *do*「Aに～しないように言う」

　前項の〈That's because ～〉を含めて、ここまでの話をま とめてみます。

That's because + 〈原因・理由〉「それは～だからだ」
That's why + 〈結果・結論〉　「そんなわけで～だ」

👍 チャレンジしてみよう！

① A : This shirt has a button missing.
（このシャツ、ボタンが取れてる）
B : だから値下げされてたんだ。

② A : Bill volunteers at the zoo.
（ビルは動物園でボランティアをやってるんだ）
B : ああ、それで動物のことにくわしいんだね。

③ どうりで電源が入らなかったわけだ。It's not plugged in!（プラグがはずれているんだもの！）

④〔ネコのことを話題にして〕
どうりでクロが鳴いているわけだ！ He's out of food.（エサがないんだもの）

⑤ The cafeteria is too expensive.（あそこのカフェテリアは高すぎよ）だからね、ランチを持ってきてるの。

Part Ⅱ　さり気なく使いたい英語フレーズ | 101

ネイティブならこう言う！

❶ A : This shirt has a button missing.

（このシャツ、ボタンが取れてる）

B : That's why it's marked down.

（だから値下げされてたんだ）

*be marked down「値下げされている」

❷ A : Bill volunteers at the zoo.

（ビルは動物園でボランティアをやってるんだ）

B : Oh, that's why he knows so much about animals.

（ああ、それで動物のことにくわしいんだね）

❸ That's why it won't turn on. It's not plugged in!

（どうりで電源が入らなかったわけだ。プラグがはずれているんだもの！）

*be plugged in「プラグが電源に差し込まれている」

❹〔ネコのことを話題にして〕

That's why Kuro's meowing! He's out of food.

（どうりでクロが鳴いているわけだ！　エサがないんだもの）

*meow〔ミ**ア**ウ〕「ニャー」（ネコの鳴き声）

*be out of food「食料が切れている」

❺ The cafeteria is too expensive. That's why I bring my lunch.

（あそこのカフェテリアは高すぎよ。だからね、ランチを持ってきてるの）

30

～するのは今回がはじめてです
This is my first time ~ing

発音はこんなふうに

○ **ディシィズ・マイファースタイム**

✕ ディズ・イズ・マイ・ファースト・タイム

〈This is my first time ～ ing.〉は、たいへんよく使うフレーズです。my（所有格）にしているところに注意してください。

◆ **This is my first time playing the violin.**

（ヴァイオリンを弾いたのは今回がはじめてなの）

◆ **This is my first time eating nori.**

（海苔を食べたのは今回がはじめてです）

＊「海苔って何？」と聞かれたら、Nori is dried seaweed.（海苔は乾燥させた海藻です）と言えば伝わります。

上の２つの英文は以下のように言い換えることもできます。２カ所の下線部（the / have *done*）に注意してください。

◆＝ **This is the first time I've played the violin.**

◆＝ **This is the first time I've eaten nori.**

〈This is the first time I've *done*.〉になっていることがわかりますね。後ろはかならず現在完了形（have *done*）にします。「（これまではしたことがなかったが）今回はじめて～する」という意味の〈経験〉をあらわすためです。

文法的なことを言うと、この英文は〈This is the first time (that) I've *done* ～〉のように関係副詞の "that" が省略されています。

Part Ⅱ　さり気なく使いたい英語フレーズ｜**103**

チャレンジしてみよう！

① 〔**This is my first time** で始めて〕
納豆を食べたのは今回がはじめてなの。

---

② 〔**This is my first time** で始めて〕
船旅なんてはじめてだわ。

---

③ 〔**This is my first time** で始めて〕
一人旅は今回がはじめてです。

---

④ 〔**This is the first time** で始めて〕
日本を出たのは今回がはじめてです。

---

⑤ 〔**Is this the first time** で始めて〕
ここへ来たのははじめてですか？

ネイティブならこう言う！

❶〔This is my first time で始めて〕
This is my first time eating natto.
（納豆を食べたのは今回がはじめてなの）

＊「納豆ってどんなもの？」と聞かれたら、Natto is just fermented soybeans.（納豆はただ大豆を発酵させたものです）と言えば伝わります。「発酵させた」の意味をもつ"fermented"は〔ファー**メンティ** (d)〕と発音します。

❷〔This is my first time で始めて〕
This is my first time taking a cruise.
（船旅なんてはじめてだわ）

＊take a cruise「遊覧船の旅をする」

❸〔This is my first time で始めて〕
This is my first time traveling by myself.
（一人旅は今回がはじめてです）

❹〔This is the first time で始めて〕
This is the first time I've ever been out of Japan.
（日本を出たのは今回がはじめてです）

＊be out of Japan「日本を出ている，日本にいない」

❺〔Is this the first time で始めて〕
Is this the first time you've been here?
（ここへ来たのははじめてですか？）

Part Ⅱ　さり気なく使いたい英語フレーズ｜105

31

〜するのは久しぶりだなあ
It's been a long time since I 〜

（発音はこんなふうに）

○ イッツベンナ・ロン(g)タイ(m)・スィンサイ

× イッツ・ビーン・ア・ロングタイム・シンス・アイ

〈It's been a long time since I ＋動詞の過去形〉は「〜して以来、長い時間が経過した」というフレーズで、「〜するのは久しぶりです」という意味を伝えることができます。

◆ **It's been a long time since I came here.**

（ここへ来るのは久しぶりだなあ）

＊It's been ＝ It has been

つまり、I haven't come here for a long time.（長いこと、ここへは来ていなかった）ということですね。

このフレーズを使っていろいろなヴァリエーションをつくってみましょう。〈a long time〉のところを、たとえば〈two years〉にすれば、〈It's been two years since I 〜 〉となり、「〜するのは2年ぶりだ」という意味を伝えられます。

◆ **It's been two years since I last saw you.**

（あなたに会うのは2年ぶりだね）

＊last「最後に」（副詞）

＊直訳をすると、「最後にあなたに会ってから2年になる」になります。

「久しぶり」とあいさつするときは、次のように言います。

◆ **It's been a long time.**
◆ **It's been a while.**
◆ **It's been ages.**

106

チャレンジしてみよう！

① スキーをするのは久しぶりだなあ。

---

② 半年ぶりにジムに来たよ。

---

③ 日本に移住してそろそろ1年になります。

---

④〔ages を用いて〕
　ケン！ 久しぶり！ How've you been?（元気だった？）

---

⑤ テニスをするのは20年ぶりです。

Part Ⅱ　さり気なく使いたい英語フレーズ │ 107

ネイティブならこう言う！

❶ It's been a long time since I skiied.

（スキーをするのは久しぶりだなあ）

＊since S V「……して以来，……してから」（接続詞）

＊ski「スキーをする」（動詞）

❷ It's been six months since I came to the gym.

（半年ぶりにジムに来たよ）

❸ It's been almost a year since I moved to Japan.

（日本に移住してそろそろ1年になります）

＊almost〔**オゥ**モゥス（t）〕「ほぼ，ほとんど」

＊move to A「Aに引っ越す，Aに移り住む」

❹〔ages を用いて〕

Ken! It's been ages!

（ケン！　久しぶり！）

How've you been?（元気だった？）

＊ages〔**エ**イジz〕「長期間」（= a long time）

＊How've you been?「その後、お元気でしたか？」

＊How've = How have

❺ It's been 20 years since I played tennis.

（テニスをするのは20年ぶりです）

（日頃から）〜するようにしています

I (always) try to ~

発音はこんなふうに

〇 アィ（オーウェイ z）チュライトゥ

✕ アイ（オールウェイズ）トライ・トゥ

〈I (always) try to ＋動詞の原形〉は、「（日頃から）〜する
ように努めています」や「〜するように心がけているよ」
に相当する表現です。

◆ **I always try to stretch before I go to bed.**

（日頃から寝る前にストレッチをやるように努めています）

＊stretch「ストレッチをする，伸びをする」（動詞）

＊go to bed「寝る」（⇔ get out of bed「起きる」）

◆ **I try to get 7 hours of sleep.**

（睡眠は7時間とるように心がけています）

「〜するようにしている」というと、日本人の場合、make
it a rule to *do*（〜するのを常としている）や make sure to
do（きまって〜する）というイディオムを使う傾向があります
が、厳しい規則をみずからに課しているような響きがあります。

「〜しないようにしているよ」は、〈I try not to ＋動詞の原
形〉とします。

◆ **I try not to eat too much.**

（食べすぎないようにしてるんだ）

◆ **I try not to drink too much.**

（飲みすぎないようにしてるんだ）

Part Ⅱ　さり気なく使いたい英語フレーズ | 109

👍 チャレンジしてみよう！

① 早起きをするようにしています。

---

② 睡眠は 8 時間とるようにしている。

---

③〔always を用いて〕
日頃からお金の節約を心がけているんだ。

---

④ 子どもの前では汚い言葉を使わないようにしています。

---

⑤〔always を用いて〕
日頃から食べすぎないようにしています。

ネイティブならこう言う！

❶ I try to get up early.

（早起きをするようにしています）

＊get up early「早起きをする」

❷ I try to get 8 hours of sleep.

（睡眠は8時間とるようにしている）

❸ 〔always を用いて〕

I always try to save money.

（日頃からお金の節約を心がけているんだ）

＊save money「(お金の) 節約をする，お金をためる」

❹ I try not to swear in front of my kids.

（子どもの前では汚い言葉を使わないようにしています）

＊swear「ののしる，毒づく」（「くそ！」「ちくしょう！」などにあたる
Jesus! / Goddamn! / Goddamn it! などの言葉を吐くこと）

❺ 〔always を用いて〕

I always try not to eat too much.

（日頃から食べすぎないようにしています）

＊= I always try not to overeat.

Part II　さり気なく使いたい英語フレーズ │ 111

33

～を楽しみにしているよ

I look forward to ~

発音はこんなふうに

〇 アィルッ k・フォーワ(d)トゥ

✕ アイ・ルック・フォーワード・ツー

〈I look forward to ＋名詞〉は「～を楽しみにしているよ」という意味です。たいていの場合、進行形にして、〈I'm looking forward to ＋名詞〉に言い換えることができます。

◆ I look forward to the holidays.

= I'm looking forward to the holidays.

（休日が楽しみだよ）

「～するのを楽しみにしているよ」のように後ろに動詞を入れたい場合は〈I look forward to ～ing〉とします。

◆ I look forward to chatting with you again.

= I'm looking forward to chatting with you again.

（またおしゃべりするのを楽しみにしています）

＊chat「おしゃべりをする」

ただし、恒例の行事（regular event）や習慣などについて言及する場合は〈I look forward to ＋名詞〉を副詞表現（every year / always など）とともに使い、〈I'm looking forward to ＋名詞〉を用いることはできません。

（〇） I look forward to walking my dog every morning.

（毎朝、犬を散歩に連れて行くのが楽しみだ）

（✕） I'm looking forward to walking my dog every morning.

① パーティ、楽しみにしています。

---

② お会いできるのを楽しみにしています。

---

③〔進行形で〕
ご連絡をお待ちしております。

---

④〔進行形で〕
いつかまた仕事をご一緒したいです。

---

⑤ 毎年、桜の季節を楽しみにしています。

ネイティブならこう言う！

❶ I look forward to the party.

（パーティ、楽しみにしています）

＊= I'm looking forward to the party.

❷ I look forward to meeting you.

（お会いできるのを楽しみにしています）

＊meet A「Aにはじめて会う」

＊= I'm looking forward to meeting you.

＊「またお目にかかれるのを楽しみにしています」は、see A again（A にまた会う）を使って、〈I look forward to seeing you again.〉 とします。

❸〔進行形で〕

I'm looking forward to hearing from you.

（ご連絡をお待ちしております）

＊= I look forward to hearing from you.

❹〔進行形で〕

I'm looking forward to working with you again someday. （いつかまた仕事をご一緒したいです）

＊= I look forward to working with you again someday.

❺ I look forward to cherry blossom season every year.

（毎年、桜の季節を楽しみにしています）

＊（×）I'm looking forward to cherry blossom season every year. と進行形にすることはできません。

34

～はいやだなあ
I dread ～

発音はこんなふうに

○ アィドレッ(d)
× アイ・ドレッド

「気がすすまない」とか「気が重い」という気持ちをネイティブは "dread" という動詞を使って言いあらわそうとします。前項で取りあげた look forward to A（A を楽しみにして待つ）の反対表現との認識があります。

◆ I dread tomorrow's meeting.
= I'm dreading tomorrow's meeting.

（あしたの会議、イヤだなあ）

◆ I dread calling Naomi.
= I'm dreading calling Naomi.

（ナオミに電話するのは、考えただけでも気が重い）

このように "dread" もまた、後ろに名詞か動名詞（～ ing）を目的語としておきます。

また、恒例の行事（regular event）や習慣などについて言及する場合は〈dread ＋名詞〉を副詞表現（every year / always など）とともに使い、〈I'm dreading ＋名詞〉とはしません。

（○）I dread tax season every year.

（毎年、税金の季節はいやだなあ）

（×）I'm dreading tax season every year.

Part Ⅱ　さり気なく使いたい英語フレーズ | 115

👍 **チャレンジしてみよう！**

① あしたのテスト、いやだなあ。

---

② 悪い知らせを彼に伝えるのは気が重いなあ。

---

③〔進行形で〕
大学をやめたのを親に伝えるのは気が重いよ。

---

④〔always を用いて〕
いつものことだけど、歯医者へ行くのはいやだなあ。

---

⑤ 毎年、梅雨の季節はうっとうしいなあ。

ネイティブならこう言う！

❶ I dread the test tomorrow.

（あしたのテスト、いやだなあ）

＊= I'm dreading the test tomorrow.

＊= I'm dreading tomorrow's test.

❷ I dread telling him the bad news.

（悪い知らせを彼に伝えるのは気が重いなあ）

＊= I'm dreading telling him the bad news.

❸〔進行形で〕

I'm dreading telling my parents that I quit college.

（大学をやめたのを親に伝えるのは気が重いよ）

＊= I dread telling my parents that I quit college.

＊quit college「大学をやめる」（→ quit school「学校をやめる」/
quit work「仕事をやめる」）

❹〔always を用いて〕

I always dread going to the dentist's.

（いつものことだけど、歯医者へ行くのはいやだなあ）

＊（×）I'm always dreading going to the dentist's.と進行形にす
ることはできません。

❺ I dread the rainy season every year.

（毎年、梅雨の季節はうっとうしいなあ）

＊（×）I'm dreading the rainy season every year.と進行形にする
ことはできません。

Part II さり気なく使いたい英語フレーズ | 117

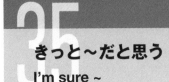

きっと〜だと思う
I'm sure ~

発音はこんなふうに

○ アィム・シュr
× アイム・シューアー

"sure" は「確信がある」という意味の形容詞。〈I'm sure 〜 〉で、「〜を確信している」ということから、「きっと〜だ／〜に間違いない」という日本語に相当します。〈I'm sure that 〜〉ということもあるのですが、その場合は接続詞の "that" は省略するのがふつうです。

◆ **I'm sure you'll like it.**
（きっと気に入りますよ）

◆ **I'm sure he just forgot.**
（きっと彼は忘れたんだよ）

また、「〜かどうか自信がない」というときは、〈I'm not sure (if) 〜 〉と言います。

◆ **I'm not sure (if) I can pass the test.**
（試験に通るかどうか自信がないなあ）

＊if 〜「〜かどうかということ」

後ろに名詞をおくときは、"about" や "of" という前置詞をつけて結びます。

◆ **I'm not sure about that.**
（それについては自信がないなあ／どうでしょうかね）

◆ **He is sure of himself.**（彼は自信家だ）

＊be sure of oneself「自分（自身）に自信がある」

① 彼女はきっとあなたのことが気に入るよ。

---

② きっと楽しめるよ。

---

③〔if を使って〕
行けるかどうかわからないなあ。

---

④ 彼女は自信家なんだ。

---

⑤ それは確かですか？

ネイティブならこう言う！

❶ I'm sure she'll like you.

（彼女はきっとあなたのことが気に入るよ）

＊she'll like youは〔シーゥ・ライキュ〕のように発音します。

❷ I'm sure you'll have a good time.

（きっと楽しめるよ）

＊have a good time「楽しいときを過ごす」

❸〔if を使って〕
I'm not sure if I can go.

（行けるかどうかわからないなあ）

＊= I'm not sure I can go.

❹ She is sure of herself.

（彼女は自信家なんだ）

＊〈sure of〉は〔ショーロヴ〕のように発音します。

❺ Are you sure about that?

（それは確かですか？）

＊このように聞かれたら、Yes, I'm positive.（ええ、間違いありません）や、No, I'm not quite sure.（いえ、確かなことはわかりません）などと答えます。

120

36

～しようかなと思ってるんだけど
I'm thinking about ~*ing*

発音はこんなふうに

○ アィ m・シィンキナバウ

✕ アイム・シンキング・アバウト

「～することを考えている」あるいは「～することを計画している」ということを伝えるフレーズです。進行形（be ～ing）になっているところに着目してください。ぼんやり夢想しているのではなく、おそらくこれから行動に移すであろうと思われることについて用います。

◆ **I'm thinking about moving to a bigger apartment.**

（もっと広いマンションへ引っ越そうかと思ってるんだ）

◆ **I'm thinking about getting a cat.**

（ネコを飼おうと思ってるの）

*get a cat「ネコを手に入れる → ネコを飼う」

観光地などでサービスを利用したいときの切り出し文句としてもよく使います。

◆ **I'm thinking about trying bungee jumping.**

（バンジージャンプをやってみたいんだけど）

*try A「Aに挑戦する，Aをやってみる」

◆ **I'm thinking about a private tour for just my family.**

（家族だけのプライベートツアーをしたいのですが）

*このように"about"の後ろに名詞をおくこともあります。

Part Ⅱ　さり気なく使いたい英語フレーズ | **121**

👍 〔 **チャレンジしてみよう！** 〕

① 犬を飼おうと思ってるんだけど。
Do you know anyone who's giving away puppies?
（誰か子犬を譲ってくれる人を知らない？）

----

② ジムへ入ろうと思ってるんだ。

----

③ 退職して、来年シンガポールに引っ越そうと思っているんだ。

----

④ 〔観光地で〕
私たち二人だけのプライベートツアーをしたいのですが。

----

⑤ 目の整形手術をしようと思っているの。

ネイティブならこう言う！

❶ I'm thinking about getting a dog.

（犬を飼おうと思ってるんだけど）

Do you know anyone who's giving away puppies?

（誰か子犬を譲ってくれる人を知らない？）

＊give away A「Aを無料で与える，Aをただで譲る」

❷ I'm thinking about joining a gym.

（ジムへ入ろうと思ってるんだ）

＊join A「Aに加わる，Aのメンバーになる」

❸ I'm thinking about retiring and moving to Singapore next year.

（退職して、来年シンガポールに引っ越そうと思っているんだ）

＊retire「退職する」

❹〔観光地で〕

I'm thinking about a private tour for just the two of us.

（私たち二人だけのプライベートツアーをしたいのですが）

❺ I'm thinking about an eye lift.

（目の整形手術をしようと思っているの）

＊liftは「何か（この場合は瞼）をつかんだりつまんだりして、異なる場所のほうへ動かすこと」の意味。そこから、「目の整形手術」を〈an eye lift〉と言うようになりました。「顔のしわ取り」は "face lift" と言います。

Part Ⅱ　さり気なく使いたい英語フレーズ ｜ 123

37

～を持ってきてあげるね／ ～を買ってきてあげるね
I'll get you ~

（ 発音はこんなふうに ）

○ アィゥゲッチュ

× アイル・ゲット・ユー

〈I'll get you ＋名詞〉で、「あなたのために～を入手してくる→～を持ってきてあげる」の意味になります。

◆ **I'll get you a menu.**

（メニューを持って参ります）

＊レストランなどのウェイトスタッフはこのように言います。

場合によっては、「～を買ってきてあげる」の意味で用いられることもあります。

◆ **I'll get you some milk.**

（牛乳を買ってきてあげるね）

= **I'll buy you some milk.**

= **I'll go (and) buy you some milk.**

＊milkは〔メォk〕と発音します。

相手が外出するときに、Can you get ～ ?（～を買ってきてくれる？）と頼むこともあります。

◆ **Can you get me some soup and a box of crackers on your way back?**

（帰りに、スープとクラッカーを一箱買ってきてくれる？）

＊on one's way back「帰り道に，帰る途中で」

👍 **チャレンジしてみよう！**

① 水を持ってきてあげるね。

---

② 自販機でコーラを買ってきてあげる。

---

③ コンビニでサンドイッチを買ってきてあげる。

---

④ ビュッフェからコーヒーとドーナツを 2 つ持ってきてもらえる？

---

⑤ 帰りに、2 リットルのペットボトルの水と牛乳 1 パック買ってきてくれる？

Part Ⅱ　さり気なく使いたい英語フレーズ

ネイティブならこう言う！

❶ I'll get you some water.

（水を持ってきてあげるね）

＊「ペットボトルの水」は"bottled water"と言います。

❷ I'll get you a Coke from the vending machine.

（自販機でコーラを買ってきてあげる）

＊vending machine〔**ヴェ**ンディン(g)・ム**シー**n〕「自 (動) 販 (売) 機」

❸ I'll get you a sandwich from the convenience store.

（コンビニでサンドイッチを買ってきてあげる）

❹ Can you get me some coffee and two donuts from the buffet?

（ビュッフェからコーヒーとドーナツを2つ持ってきてもらえる？）

＊buffet〔ブ**フェ**イ〕「立食用のカウンター，ビュッフェ」

❺ Can you get me a two-liter bottle of water and a carton of milk on your way back?

（帰りに、2リットルのペットボトルの水と牛乳1パック買ってきてくれる？）

＊bottleは〔**ボ**ロゥ〕と発音します。

＊carton「紙パック」（日本では牛乳やジュースなどの紙容器を「パック」と呼んでいますが、これは和製語です）

＊on one's way back「（家などに）帰る途中で」

38

それは〜しだいだね
That depends on 〜

発音はこんなふうに

○ ダッ・ディペンゾン

✕ ザット・ディペンズ・オン

〈That depends on ＋名詞（節）〉は「それは〜による」や「それは〜しだいだ」という意味です。ものごとがその名詞によって左右されるときに用います。主語を "it" にして、〈It depends on 〜〉とすることもあります。

◆ **That depends on my mood.**

（私の気分しだいだね）

◆ **It depends on who's coming.**

（誰が来るかによるね）

〈That depends.〉とだけ言うこともあります。その場合は「それは話によりけりだ／それは状況による」という意味で、「今はなんとも言えない」という含みがあります。これは That depends (on the circumstances). / That depends (on the situation). の縮約形で、「事情」や「状況」を意味する名詞が省略されたものと考えることができます。これも〈It depends.〉ということができます。

◆ **A : Can you lend me 5,000 yen?**

（5,000 円貸してくれない？）

B : That depends.

（事情によりけりね）

Part II　さり気なく使いたい英語フレーズ　| 127

チャレンジしてみよう！

① 〔That で始めて〕
天候しだいです。

---

② 〔That で始めて〕
結果しだいだね。

---

③ 〔It で始めて〕
彼の英語の能力しだいです。

---

④ 〔It で始めて〕
クレアの都合によるよ。

---

⑤ 〔That で始めて〕
それはケースバイケースだね。

ネイティブならこう言う！

❶〔That で始めて〕

That depends on the weather.

（天候しだいです）

❷〔That で始めて〕

That depends on the results.

（結果しだいだね）

＊resultsは〔リ**ゾゥ**ツ〕と発音します。

❸〔It で始めて〕

It depends on his English ability.

（彼の英語の能力しだいです）

❹〔It で始めて〕

It depends on Claire's schedule.

（クレアの都合によるよ）

＊scheduleは〔ス**ケ**デュー〕もしくは〔**シェ**デュー〕と発音します。

❺〔That で始めて〕

That depends.

（それはケースバイケースだね）

＊That's case by case.（×）と言うことはありません。

＊強調するときは、〈That all depends.〉のように"all"を入れること
もあります。

Part II　さり気なく使いたい英語フレーズ｜**129**

column 11

ちゃんと口に出して褒めることが大切です

　誰でも褒められるといい気分になります。だから、ちゃんと口に出して伝えること。相手が身につけているものが素敵だと感じたら、すかさず褒めましょう。「私はあなたに注目してますよ」ということを伝えるのは、社交上とても大切なことです。

　ネイティブはそのようなとき、ひじょうに高い確率で〈I love your ～！〉〔アィラヴョ〕というフレーズを使います。

◆ **I love your shirt.** （そのシャツ、素敵ね！）

◆ **I love your glasses!** （そのメガネ、いいわね！）

　この "love" は like ～ very much（～がたいへん気に入っている）の意味ですが、「その～は素敵ね」というニュアンスで用います。〈I like your ～！〉と言っても OK です。

◆ **I like your shoes very much!** （その靴、素敵ね！）

　＊＝ I really like your shoes!

◆ **I like your jacket very much!**

　（そのジャケット、よく似合ってるよ！）

　＊＝ I really like your jacket!

　〈I love it when ＋主語＋動詞〉というフレーズも覚えましょう。文字どおり、「～しているときのそれが好き」ですが、「～しているときの表情（しぐさ）が素敵ね」の意味で用います。

◆ **I love it when you smile!** （きみの笑顔は素敵だね！）

　＊＝ I love your smile!

◆ **I love it when you hug me!** （あなたのハグ、好きよ！）

　＊ ＝ I love your hugs!　＊hug A「Aを抱きしめる」

130

Part III

とっさに言いたい
英語フレーズ

39

～の調子がおかしいんです
There's something wrong with ~

(発音はこんなふうに)

◯ デリーズ・サムシィン(g)ロン g ウィーズ

✕ ゼァリーズ・サムシィング・ロング・ウィズ

「問題が生じて困っている」というときのフレーズを覚えましょう。体の調子がおかしいときや、モノの不具合があったときに用います。

◆ **There's something wrong with my stomach.**

（胃の調子がよくないんだ）

◆ **There's something wrong with the air conditioner.**

（エアコンの調子がよくないんですけど）

疑問文にする場合は、〈Is there something wrong with ～ ?〉とします。

◆ **Is there something wrong with your right knee?**

（右膝の調子が悪いの？）

＊knee〔ニー〕「膝」

◆ **Is there something wrong with your phone?**

（スマホの調子がよくないの？）

たんに「どうかしたの？／具合でも悪いの？」という場合は、次のように言います。

◆ **Is there something wrong?**

（どうかしたの？／具合でも悪いの？）

＊= What's wrong?

132

👍 **チャレンジしてみよう！**

① 左膝の調子がよくないんだ。It hurts when I bend it.
（曲げると痛むんだ）

----

② 〔ホテルの部屋からフロントに電話をかけて〕
シャワーの調子がよくないんです。The water pressure is really low.（水が勢いよく出ないんですよ）

----

③ スマホの調子がよくないなあ。It won't connect to Wi-Fi.
（Wi-Fi とつながらないんだ）

----

④ A：パソコンの調子がよくないの？
B：Yeah. It won't turn on.（うん。電源が入らないんだ）

----

⑤ 具合でも悪いの？ You don't look well.（元気なさそうだけど）

Part Ⅲ　とっさに言いたい英語フレーズ | 133

ネイティブならこう言う！

❶ There's something wrong with my left knee.
（左膝の調子がよくないんだ）
It hurts when I bend it.（曲げると痛むんだ）

❷〔ホテルの部屋からフロントに電話をかけて〕
There's something wrong with my shower.
（シャワーの調子がよくないんです）
The water pressure is really low.
（水が勢いよく出ないんですよ）
＊The water pressure is really low.「水圧がとても低い→水が勢い
よく出ない」

❸ There's something wrong with my phone.
（スマホの調子がよくないなあ）
It won't connect to Wi-Fi.
（Wi-Fiとつながらないんだ）

❹ A : Is there something wrong with your computer?
（パソコンの調子がよくないの？）
B : Yeah. It won't turn on.
（うん。電源が入らないんだ）
＊turn on「電源が入る，（電気・明かりが）つく，（水・ガスが）出る」

❺ Is there something wrong? （具合でも悪いの？）
You don't look well. （元気なさそうだけど）

~がんばって！
Good luck on ~!

発音はこんなふうに

○ グッラッコン
× グッド・ラック・オン

Good luck! は「幸運を祈ります！」と訳す場合もありますが、カジュアルな感じで用いた場合は、「がんばって！」にあたります。人に対して用いる場合は、後ろに前置詞の "to" をつけてつなげます。

◆ A : I'm off to my audition. Wish me luck!

（オーディションに行ってくる。祈っていてね！）

B : Good luck (to you)!

（祈ってるわ！／がんばってね！）

＊I'm off to A.「今からAに出かけます」

＊Wish me luck!「私のことを祈っていてください！」

「〜をがんばって！」と言いたいときは、多くの場合、後ろに "on" をつけて〈Good luck on ＋名詞！〉とします。

◆ Good luck on the job interview!

（就職の面接、がんばってね！）

困難を伴うことの成就や達成を願って、「〜するのをがんばって！」と動詞を続けたい場合は、(on / in) 〜 ing をつけます（口語では、しばしば前置詞は省略されます）。

◆ Good luck (on) finding a parking space!

（がんばって駐車スペースを見つけてね！）

Part Ⅲ　とっさに言いたい英語フレーズ｜135

チャレンジしてみよう！

① 金曜日、がんばってね！

----

② 大阪ではがんばってね！

----

③ デート、がんばってね！

----

④ がんばってチケット取ってね！

----

⑤ ギターが弾けるようになるといいね！

ネイティブならこう言う！

❶ Good luck on Friday!

（金曜日、がんばってね！）

＊曜日の前には、"on"をつけます。

❷ Good luck in Osaka.

（大阪ではがんばってね！）

＊場所が領域（in）ではなく、点（at）だと考えられる場合は次のように言います。〔例〕Good luck at work!（仕事がんばってね！）/ Good luck at school!（学校がんばってね！）

❸ Good luck on your date!

（デート、がんばってね！）

❹ Good luck getting tickets!

（がんばってチケット取ってね！）

＊= Good luck on〔in〕getting tickets!

＊「チケットを取るのは難しいだろうけどがんばってね」という含みがあります。

❺ Good luck (on / in) learning to play the guitar!

（ギターが弾けるようになるといいね！）

＊learn to do「（努力・習熟して）〜できるようになる」

＊「ギターが弾けるようになるには努力が必要だけどがんばってね」という含みがあります。

Part Ⅲ　とっさに言いたい英語フレーズ | **137**

41

～おめでとう！
Congratulations on ~!

発音はこんなふうに

○ カングラチュレイシュンzオn

✗ コングラチュレーションズ・オン

"Congratulation!" と言っている人をよく見かけますが、"Congratulation!" と単数形で言うことはありません。"Congratulations!" とかならず複数形にします。むしろ、最後の⟨z⟩の音が聞こえるように意識的に発音します。

「ありがとう」を意味する "Thanks." も⟨s⟩をつけて複数形にします。なぜこのように複数をあらわす⟨s⟩がつくのでしょうか。"Thanks." の場合はあふれんばかりの感謝の気持ちが、"Congratulations!" の場合はあふれんばかり祝福の気持ちが複数形になってあらわれているのです。これを文法用語では「強意複数」と呼んでいます。

「～おめでとう！」は、前置詞の "on" でつなげて、その後ろに名詞（動名詞）をおきます。

◆ **Congratulations on winning the award!**

（受賞おめでとう！）

カジュアルな場面では、⟨Congrats!⟩ とだけ言ったりします。発音は〔カングラッツ〕で、〔ラ〕のところにアクセントをおきます。

◆ **You passed! Congrats!**

（合格したのね！おめでとう！）

チャレンジしてみよう！

① ご婚約おめでとう！

------

② ご結婚おめでとう！

------

③ おめでとう！　昇進したんだってね。

------

④ おめでとう！　赤ちゃんが生まれたんだってね。

------

⑤ 〔Congrats! を用いて／2文で〕
　A：I got the promotion!（昇進したんだ！）
　B：おめでとう。あなたなら当然だよ。

ネイティブならこう言う！

❶ Congratulations on your engagement!

（ご婚約おめでとう！）

＊engagement〔イン**ゲ**イジムンt〕「婚約」

❷ Congratulations on your wedding!

（ご結婚おめでとう！）

＊＝Congratulations on your marriage!

❸ Congratulations on your promotion!

（おめでとう！　昇進したんだってね）

＊promotion〔プロ**モゥ**シュ n〕「昇進」

❹ Congratulations on your new baby!

（おめでとう！　赤ちゃんが生まれたんだってね）

＊"Congratulations"と言ってから、〈on ～ 〉と続けることで、日本
語で示したようなニュアンスを伝えることができます。

❺〔Congrats! を用いて／2文で〕

　A：I got the promotion!

　　　（昇進したんだ！）

　B：Congrats! You deserve it!

　　　（おめでとう。あなたなら当然だよ）

＊You deserve it!「あなたはそれを受けるのに値する！→あなたなら
（そんないいことがあって）当然だ！」

140

それは〜のようだね

Sounds ~

発音はこんなふうに

○ **サウン z**　　✕ サウンズ

〈That sounds +形容詞〉は、相手の話を聞いたあとで、その印象を述べるフレーズです。

◆ **That sounds exciting.**（ワクワクするね）

That is exciting.（それはおもしろい）の "is" のところに "sound" がかぶさって、聞いた印象を述べているのです。

カジュアルな会話では、主語の That[It] はよく省略してしまいます。したがって、上の英文は次のように言うこともあります。

◆ **Sounds exciting.**

後ろに名詞をおきたいときは、"like" を入れて、〈That sounds like +名詞〉とします。

◆ **That sounds like a good idea.**（いい考えのようだね）

これもカジュアルな会話では、主語の That[It] は省略して、次のように言います。

◆ **Sounds like a good idea.**

〈sounds like +主語+動詞〉のパターンもあります。ここでもまた、主語の That[It] は省略してしまいます。

◆ **Sounds like you had a really great time.**

（ずいぶん楽しんだようだね）

◆ **Sounds like you've never heard this story.**

（この話を聞いたことがないようですね）

Part Ⅲ　とっさに言いたい英語フレーズ | 141

👍 チャレンジしてみよう！

① 〔That を主語にして〕
おもしろそうだね。

② 〔主語を省略して〕
楽しそうだね。

③ 〔主語を省略して〕
いい考えだね！

④ 〔主語を省略して〕
やきもちを焼いているようだね。

⑤ 〔主語を省略して〕
休暇はさんざんだったようだね。

ネイティブならこう言う！

❶ 〔That を主語にして〕

That sounds interesting.

（おもしろそうだね）

＊Sounds good. (いいね) / Sounds great. (いいね) もあわせて覚
えておきましょう。

❷ 〔主語を省略して〕

Sounds fun.

（楽しそうだね）

＊Sounds like fun.ということもできます。なぜなら、funは形容詞と
しても名詞としても用いられるからです。

❸ 〔主語を省略して〕

Sounds like a good idea!

（いい考えだね！）

＊Sounds like a great[wonderful] idea.などと言うこともあります。

❹ 〔主語を省略して〕

Sounds like you're jealous.

（やきもちを焼いているようだね）

＊jealous〔**ジェ**ラs〕「ねたんでいる，嫉妬している」

❺ 〔主語を省略して〕

Sounds like your vacation was a disaster!

（休暇はさんざんだったようだね）

＊disaster〔ディ**ザァ**スタ〕「災難，惨事，ひどいもの」

Part Ⅲ　とっさに言いたい英語フレーズ　│　**143**

43

～そうだね
Looks ~

発音はこんなふうに

◯ ルク s

✕ ルーックス

〈That[It] looks ＋形容詞〉は、目による印象を述べるときのフレーズです。この "look" は「見る」ではなく、「見える」という意味です。

◆ **(It) Looks nice.**（素敵だね）

カジュアルな会話では、主語の That[It] はよく省略してしまいます。

"That" や "It" 以外の主語をたてることもあります。そうした場合は、主語が大事な情報なので、省略せずに用います。

◆ **You look bored.**（退屈しているようだね）

◆ **She looks sad.**（彼女は悲しそうに見える）

後ろに名詞をおきたいときは、"like" を入れて〈look like ＋名詞〉とします。

◆ **Looks like a big success!**（大成功のようだね！）

◆ **She looks like an angel.**（彼女は天使のようだ）

〈Looks like ＋主語＋動詞〉のパターンもあります。

◆ **Looks like his business is doing well.**

（彼のビジネスはうまくいってるみたいよ）

◆ **Looks like the Tigers will win.**

（タイガースが勝ちそうだ）

144

チャレンジしてみよう！

① 元気そうだね。

------

② アスカは正直そうね。

------

③ まったく別人みたいよ。

------

④〔主語を省略して〕
　雨になりそうね。

------

⑤〔**Looked** で始めて〕
　彼女は援助を必要としているように見えた。

ネイティブならこう言う！

❶ You look great.

（元気そうだね）

＊"great"にはさまざまな意味がありますが、共通して言えることは、肯定的評価をくだしていることです。この場合は 「（身体や精神が）健康な」の意味で用いられています。

❷ Asuka looks honest.

（アスカは正直そうね）

＊"honest"は〔**ア**ネスt〕と読みます。"h"は発音しません。意味は「正直な，誠実な」です。

❸ You look completely different.

（まったく別人みたいよ）

＊You look like a different person.でも伝わりますが、You look completely[so] different.と言いあらわすのがふつうです。

❹ 〔主語を省略して〕
Looks like rain.

（雨になりそうね）

＊この"rain"は名詞です。

＊= (It) Looks like it's going to rain. （この"rain"は動詞です）

❺ 〔Looked で始めて〕
Looked like she needed some help.

（彼女は援助を必要としているように見えた）

＊= She〔It〕looked like she needed some help.

146

彼はたぶん〜だよ
He is probably ~

発音はこんなふうに

○ ヒィズ・プラバブリ

✕ ヒイ・イズ・プロバブリー

　ここでは可能性について言及する副詞について考えてみましょう。日本語の「たぶん」や「おそらく」にはどんな英単語を使ったらいいのでしょうか。

　私（＝アメリカ人）の感覚で言えば、次のとおりです。

maybe / perhaps	30 〜 50 パーセントの確率
probably	70 〜 90 パーセントの確率

◆ **Maybe he is mad.**

　（彼、怒っているかもよ）

　＊"maybe"は原則、文頭におきます。

　＊mad〔**マァ**ー d〕「怒って，腹を立てて」

◆ **Perhaps he is mad.**

　（彼は怒っているかもしれない）

　＊"perhaps"は"maybe"の丁寧表現だと考えてよいでしょう。イギリス
　　英語で好まれているとの印象があります。

◆ **He is probably mad.**

　（彼、おそらく怒ってるよ）

　＊"probably"は通例、一般動詞の前、もしくはbe動詞の後ろにおきます。

Part Ⅲ　とっさに言いたい英語フレーズ | **147**

① 彼女、おそらく留守にしているよ。

---

② 腐ってるんじゃないかな。

---

③ 壊れているんじゃないかな。

---

④ たぶんその店は休みじゃないかな。

---

⑤ たぶん彼はまた忘れたんじゃないかな。

ネイティブならこう言う！

❶ She is probably not home.
（彼女、おそらく留守にしているよ）

＊= She's probably out.

❷ It's probably rotten.
（腐ってるんじゃないかな）

＊rotten〔ゥ**ラ**トゥn〕「腐った，朽ちた」

❸ It's probably broken.
（壊れているんじゃないかな）

＊broken〔ブ**ロゥ**クn〕を「壊れた」という意味で覚えている人が多い
と思いますが、「割れた，折れた，破れた」などの意味でも用います。

❹ They're probably closed.
（たぶんその店は休みじゃないかな）

＊この"they"は、その店で働いている人たちを総称的に指しています。

＊closed〔ク**ロゥ**ズd〕「休業中の」（⇔ open「開店中の」）

❺ He probably forgot again.
（たぶん彼はまた忘れたんじゃないかな）

Part Ⅲ　とっさに言いたい英語フレーズ ｜ 149

もう少しで～するところ
I almost ~

【 発音はこんなふうに 】

⭕ アィオーモゥス (t)

❌ アイ・オールモースト

「almost ＝ほとんど」と捉えている読者が多いと思いますが、"almost" は「修飾する語の直前にいること」、すなわち「到達点や限界点の " 一歩手前 " である」と覚えておきましょう。

次の英文で考えてみましょう。

◆ I almost forgot. （もうちょっとで忘れるところだった）

〈I forgot.〉と言えば「忘れちゃった」ですが、この文の場合、"forgot" の一歩手前にいたわけですから、「もうちょっとで忘れるところだった」という意味になります。

◆ I almost died. （もうちょっとで死ぬところだった）

同様に、これも「死ぬ」一歩手前であったことを読みとってください。

後ろに形容詞や副詞をおくこともあります。

◆ I was almost late.

（もうちょっとで遅刻するところだった）

この文では、遅刻寸前だったが、遅刻しなかったことを意味しています。

◆ I'm almost at the station.

（もうちょっとで駅に着きます）

◆ I'm almost home.

（もうちょっとで家に着きます）

① あとちょっとで終わります。

---

② もうちょっとでそこへ着きます。

---

③ 〔positive を使って〕
　A：Are you sure?（確かですか？）
　B：まず間違いありません。

---

④ もうちょっとでクビになるところだった。

---

⑤ おっと！　ドアにカギをかけ忘れるところだった。

ネイティブならこう言う！

❶ I'm almost done.

（あとちょっとで終わります）

＊done〔**ダ**ンヌ〕「終わって，済んで」

＊= I'm almost finished.

❷ I'm almost there.

（もうちょっとでそこへ着きます）

❸ 〔positive を使って〕

A：Are you sure?

（確かですか？）

B：I'm almost positive.

（まず間違いありません）

＊positive〔**パ**ズィティヴ〕「確信している，自信がある」

❹ I almost got fired.

（もうちょっとでクビになるところだった）

＊get fired「クビになる」

❺ Oops! I almost forgot to lock the door.

（おっと！　ドアにカギをかけ忘れるところだった）

＊Oops!「おっと！」（ちょっとしたミスをしたとき、反射的に口にする言葉です。〔**ウ**ップs〕と発音します）

＊I almost forgot to do「～し忘れるところだった」（"forget"の使い方については209ページをご参照ください）

152

46

～してくれませんか？
Would you (please) ~?

発音はこんなふうに

◯ ウッジュ（プリー z）

✕ ウッド・ユー（プリーズ）

〈Would you (please) ＋動詞の原形 ?〉はいくぶん頼みにくいことに使える〈依頼〉のフレーズです。日本語の「～してくれませんか？」に相当します。

◆ **Would you do me a favor?**

（ちょっと頼みたいことがあるんだけど）

＊do A a favor「Aに厚意をほどこす」

◆ **Would you please tell him to call me?**

（電話をかけてほしいと彼に伝えてくれませんか？）

〈Would you (please) ～ ?〉よりもカジュアルな言いまわしが〈Will you ～ ?〉で、言い方によっては「そうして当然だ」というニュアンスがあり、相手が拒否しないということを前提にした〈指示〉の要素が強く押し出されます。

◆ **Will you pass me the salt?**

（塩を取って）

◆ **Will you make five copies of this?**

（これを 5 部コピーしてくれない？）

◆ **Will you give me a hand with this?**

（これ、ちょっと手伝ってくれる？）

＊give A a hand「Aに手を貸す」

Part Ⅲ　とっさに言いたい英語フレーズ │ 153

チャレンジしてみよう！

① 〔Would で始めて〕
もう一度言ってもらえる？

---

② 〔Would で始めて〕
それ、やめていただける？

---

③ 〔would を用いて〕
時間があったら、これをチェックしてくれる？

---

④ 〔Would で始めて／ please を用いて〕
家まで車で送ってもらえないかしら？

---

⑤ 〔Will で始めて〕
これちょっと持っていてくれる？

ネイティブならこう言う！

❶〔Would で始めて〕

Would you say that again?

（もう一度言ってもらえる？）

＊相手が言ったことが聞き取れなかったときに使うフレーズです。

❷〔Would で始めて〕

Would you stop that?

（それ、やめていただける？）

＊相手のやっていることがわずらわしいと感じたときに使うフレーズです。

❸〔would を用いて〕

When you have time, would you check this?

（時間があったら、これをチェックしてくれる？）

＊when you have time「時間があったら，お手すきのときに」

＊check A「Aを点検する，Aを調べる」

❹〔Would で始めて／ please を用いて〕

Would you please drive me home?

（家まで車で送ってもらえないかしら？）

❺〔Will で始めて〕

Will you hold this for a sec?

（これちょっと持っていてくれる？）

＊for a sec「ちょっとの間」（＝ for a second）

Part Ⅲ　とっさに言いたい英語フレーズ │ 155

~していただけますか？
Could you (possibly) ~?

【 発音はこんなふうに 】

○ クッジュ（パシィブリ）

× クッド・ユー（ポッシブリー）

　丁寧な口調で頼みごとをするときの〈依頼・要請〉のフレーズです（親しい人には Can you ～ ? を使います）。後ろにはかならず動詞の原形をおきます。

◆ Could you wait a moment?

　（少しお待ちいただけますか？）

　*"a moment"のところは、a minute /a second / a little bitなどを使うこともあります。

◆ Could you spell your name for me?

　（お名前のスペルを教えてくれませんか？）

　さらに丁寧に言いたい場合は、possibly（できましたら）をつけます。

◆ Could you possibly show me how to buy a ticket?

　（切符の買い方を教えていただけますか？）

◆ Could you possibly let me borrow your car over the weekend?

　（ご迷惑でなければ、週末の間、お車をお借りできないでしょうか？）

　*over the weekend「週末の間ずっと」

　"possibly" をつけると改まった表現になるので、親しい相手に用いると、逆によそよそしいとの印象を与えかねません。ご注意を。

チャレンジしてみよう！

① 〔自分のリクエストが通っていなかったときに〕
　確かめてもらえますか？

---

② あなたのライン ID を教えていただけないでしょうか？

---

③ もう少し具体的に話してくれませんか？

---

④ 〔possibly を用いて〕
　お箸を一膳いただけませんか？

---

⑤ 〔possibly を用いて〕
　明日は少し早めに来ていただけますか？

ネイティブならこう言う！

❶ 〔自分のリクエストが通っていなかったときに〕

Could you check?

（確かめてもらえますか？）

＊check「確かめる，点検する」（このように、後ろに目的語をとらない自動詞用法もあります）

❷ Could you give me your LINE ID?

（あなたのラインのIDを教えていただけないでしょうか？）

＊電話番号やラインのIDなどの情報を「教える」は"give"を使います。

❸ Could you be more specific?

（もう少し具体的に話してくれませんか？）

＊specific〔スピ**スィ**フィッk〕「明確な，具体的な」

❹ 〔possibly を用いて〕

Could you possibly get me a pair of chopsticks?

（お箸を一膳いただけませんか？）

＊a pair of A「ひと組みのA」（1つのように見えるものでも、2つの構成要素が組み合わされてできている箸・靴・ズボンなどを数える場合は"a pair of A"のような形にします）

❺ 〔possibly を用いて〕

Could you possibly come a little early tomorrow?

（明日は少し早めに来ていただけますか？）

48
～があります
There is ~

発音はこんなふうに

◯ ゼァリズ

✕ ゼア・イズ

　何かが存在していることを伝えたいときは、〈There is〉で始め、その後ろに存在を伝えたい人や物をあらわす名詞を続けます。この構文では、後ろの名詞（＝主語）が単数か複数かで"is" になったり "are" になったりします。

◆ There is a cat under the table.

（テーブルの下にネコがいるよ）

◆ There are lots of beauty salons in this city.

（この町には美容院がたくさんありますね）

◆ Is there any milk in the bottle?

（そのビンには牛乳が入っていますか？）

　このフレーズは、新たな話題として、相手が知らない人や事物（＝新情報）の存在を伝えるものなので、your / his / their / the / this / that / these/ those などがついた名詞（＝旧情報）は原則、〈There is〉の後ろに接続させることはできません。そうした名詞が存在していることを示す場合は、以下のように主語の位置におきます。

　（×）There is her cat in the cardboard box.

　（◯）Her cat is in the cardboard box.

　　　（彼女のネコなら、ダンボールの中にいるよ）

Part Ⅲ　とっさに言いたい英語フレーズ │ 159

👍 チャレンジしてみよう！

① あそこにコンビニがあります。

----

② シャツにしみが付いているよ。

----

③ ビンを開けるものが何もない。

----

④ 日本語が話せる人はいますか？

----

⑤ そこの近くに何か目印になるものはありますか？

ネイティブならこう言う！

❶ There is a convenience store over there.
（あそこにコンビニがあります）
* convenience store「コンビニ」（英語では短縮して用いることはありません）
* over there「向こうに，あそこに」（over here「こっちに，こちらに」）

❷ There is a stain on your shirt.
（シャツにしみが付いているよ）
* stain〔ス**ティ**n〕「しみ，よごれ」

❸ There is nothing to open the bottle with.
（ビンを開けるものが何もない）
* open the bottle with A「Aでビンを開ける」

❹ Is there anyone who can speak Japanese?
（日本語が話せる人はいますか？）
* 自分の英語が相手にうまく伝わらないときに使えるたいへん便利な表現です。

❺ Are there any landmarks near there?
（そこの近くに何か目印になるものはありますか？）
* landmark「道しるべとなるもの，目印」
* near there「そこの近くに」

Part Ⅲ　とっさに言いたい英語フレーズ　│　161

はい、これ〜です
Here's ~

発音はこんなふうに

◯ ヒァズ

✕ ヒアリーズ

モノを差し出して、「はい、これ〜です」とか「どうぞ〜です」というときの表現です。

◆ **Here's your change.** （はい、おつりです）

日本人はこうしたとき、（×）Please your change. などと言ってしまいがち。気をつけましょう。もちろん、無言で手渡すのもやめましょう。

たんに「はい、これ」とモノを差し出す場合は、次の3つを使います。最後の〈Here it is.〉がいちばん丁寧な表現です。

◆ **Here.** （はい、これ）

◆ **Here you go[are].** （はい、これ）

◆ **Here it is.** （はい、どうぞ）

＊複数のモノを差し出す場合は、〈Here they are.〉と言います。

このことを応用して、「(借りていた) 〜をお返しいたします」という表現を覚えましょう。英語では、〈Here's 〜 back.〉と言います。

◆ **Here's your ID back.** （IDをお返しします）

◆ **Here's your pen back.** （ペン、ありがとう）

借りていたものを返すときの便利なフレーズです。この場合も、Please 〜 back.（×）とはならないのでご注意ください。

162

👍 チャレンジしてみよう！

① これ、私の名刺です。

----

② はい、パスポートです。

----

③〔go を用いて〕
はい、これ。

----

④ クレジットカードをお返しします。

----

⑤ お金をお返しします。

ネイティブならこう言う！

❶ Here's my business card.

（これ、私の名刺です）

＊business card「(営業用の) 名刺」（英米社会では初対面のときに名刺を交換する慣習はありません。また、商談の最初ではなく、最後に連絡用として渡すのが一般的です）

❷ Here's my passport.

（はい、パスポートです）

＊passportは〔**パァ**ースポー t〕と発音します。

❸ 〔go を用いて〕
Here you go.

（はい、これ）

❹ Here's your card back.

（クレジットカードをお返しします）

＊「クレジットカード」は"credit card"ですが、わかりきっている場合は、短く"card"とだけ言ってしまいます。

❺ Here's your money back.

（お金をお返しします）

＊backの発音は〔バック〕ではなく、〔**バァ**ー k〕です。

～じゃない？
Isn't it ~?

発音はこんなふうに

○ イズニッ (t)
× イズント・イット

　日本語もそうですが、「～だと思わない？/～じゃない？」は相手に同意を求める表現として用いられます。気持ちを込めて言ってみましょう。疑問文なので、上げ調子で言ってください。

◆ **Isn't it funny?**（笑えるよね！）
◆ **Isn't it cool?**（かっこいいよね！）
◆ **Isn't it strange?**（奇妙だよね！）

　Isn't it yours?（あなたのではないですか？）のように、文字どおり「～ではありませんか？」の意味で用いることもありますが、ここでは〈Isn't it ＋形容詞？〉となっていることに着目してください。

◆ **Isn't it great?**（すごくないですか？）
◆ **Isn't it cute?**（可愛くない？）

　「そうだね」と相づちを打つ場合は、

◆ **Yes, it is./ It sure is.**

などと答えます。

　逆に、「そうは思わない」と応じる場合は、

◆ **No, it isn't.**

と応じます。

👍 チャレンジしてみよう！

① すごくない？

----

② おもしろくない？／笑えるよね！

----

③ 寒すぎない？

----

④ I bought these shoes.（この靴、買ったの）
可愛くない？

----

⑤ My dog can count!（僕の犬、数をかぞえられるんだ！）
賢くない？

ネイティブならこう言う！

❶ Isn't it great?

（すごくない？）

＊= Isn't it amazing? / Isn't it awesome?

❷ Isn't it funny?

（おもしろくない？／笑えるよね!）

＊funny〔**ファ**ニ〕「(笑えるほど) 滑稽な，おかしい」

❸ Isn't it too cold?

（寒すぎない？）

＊Isn't it too hot?（暑すぎない？）も一緒に覚えましょう 。

❹ I bought these shoes.

（この靴、買ったの）

Aren't they cute?

（可愛くない？）

＊「この靴」を"this shoe"としてしまうと、「片方の靴」の意味になって
しまいます。

❺ My dog can count!

（僕の犬、数をかぞえられるんだ！）

Isn't he smart?

（賢くない？）

＊メス犬の場合は、Isn't she smart?となります。

＊smart〔ス**マー**t〕「賢い，利口な」

Part Ⅲ　とっさに言いたい英語フレーズ ｜ 167

51

で、〜は？

How about ~?

発音はこんなふうに

◯ ハワバゥ (t)

✕ ハウ・アバウト

〈How about 〜 ?〉は〈提案・勧誘〉の表現ですが、会話の切り出しに用いてしまう誤用が目立ちます。つねづね私は、思いついたことを唐突に口に出す"SUDDEN HOW ABOUT"は使わないように生徒さんたちに言っています。

じっさい、How about lunch tomorrow?（明日、ランチどう？）と言っても伝わるでしょうが、そうしたときは、Let's have lunch tomorrow! / Why don't we have lunch tomorrow? などを使うことをおすすめします。

自分の立場・状況・意見・計画などを述べたあとに「あなたは？」という場合は、How about you? / What about you?〔ワラバゥチュ〕の両方を用いることができます。

◆ I'm hungry. How[What] about you?

（私はお腹がすいているんだけど、あなたはどう？）

このように〈How about 〜 ?〉は、関連する話題や別候補に関する意見や情報を相手に求めるときの表現なのです。これを私は "FOLLOW UP HOW ABOUT" と呼んでいます。

◆ A : Is Daiki coming?（ダイキは来るの？）

　B : Yes.（ええ）

　A : How[What] about Tsumugi?（で、ツムギは？）

① A：I feel like Japanese food tonight.
　　（今夜は和食の気分だな）
　B：てんぷらはどう？

② A：Let's go sing karaoke!（カラオケを歌いに行こう！）
　B：I'm too tired.（ちょっと疲れてるんだ）
　　代わりに映画はどう？

③ A：I don't feel like cooking tonight.
　　（きょうは料理をつくりたくないなあ）
　B：じゃあ、その中華料理店へ行くっていうのはどう？

④ A：My computer is not working.（パソコンが動かない）
　B：再起動してみたら？

⑤〔**What** で始めて〕
　A：Were you able to make a hotel reservation?
　　（ホテルの予約はできた？）
　B：I was. And it has free Wi-Fi.
　　（したよ。無料 Wi-Fi もあるよ）
　A：で、朝食は？　付いてるの？

ネイティブならこう言う！

❶ A：I feel like Japanese food tonight.
（今夜は和食の気分だな）

B：How about tempura? （てんぷらはどう？）

❷ A：Let's go sing karaoke!（カラオケを歌いに行こう！）

B：I'm too tired. How about a movie instead?
（ちょっと疲れてるんだ。代わりに映画はどう？）

＊go (and) sing karaoke「カラオケを歌いに行く」

❸ A：I don't feel like cooking tonight.
（きょうは料理をつくりたくないなあ）

B：How about going to the Chinese restaurant?
（じゃあ、その中華料理店へ行くっていうのはどう？）

❹ A：My computer is not working.（パソコンが動かない）

B：How about rebooting it?（再起動してみたら？）

＊reboot〔リブー t〕「（コンピュータを）再起動する」（＝restart）

❺〔What で始めて〕

A：Were you able to make a hotel reservation?
（ホテルの予約はできた？）

B：I was. And it has free Wi-Fi.
（したよ。無料 Wi-Fi もあるよ）

A：What about breakfast? Is it included?
（で、朝食は？　付いてるの？）

＊be included〔インク**ルー**ディ d〕「含まれている」

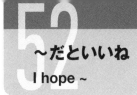

～だといいね
I hope ～

発音はこんなふうに

○ アイホゥ p
× アイ・ホープ

〈願望〉をあらわす表現です。〈I hope that ～〉ということもあるのですが、接続詞の "that" は省略するのがふつうです。

◆ **I hope we get home before it pours.**

(大降りにならないうちに、家に帰れるといいんだけど)

＊pour〔**ポ**ア〕「(雨が) 激しく降る」

また、〈I hope ～〉は実現が期待できることを「望む」場合に用いるのに対し、〈I wish ～〉は実現の可能性が低いことや、不可能なことを「望む」ときに使います (174 ページ参照)。「彼がその職につけるといいんだけど」は次のように言いあらわします。

◆ **I hope he gets the job./ I hope he will get the job.**

話者の強い願望をあらわすときは "will" を入れないのが一般的です。

また、「(すすんで) ～してくれるといいんだけど」という気持ちを込めて使う場合は "will" を入れます。以下の文で確認しましょう。

◆ **I hope she will come.**

(彼女が来てくれるといいんだけど)

◆ **I hope he will help us.**

(彼が手を貸してくれるといいんだけど)

👍 チャレンジしてみよう！

① 〔プレゼントを渡しながら〕
　気に入ってくれるといいんだけど。

---

② すぐに元気になりますように。

---

③ 旅行を楽しんでね。

---

④ 明日、雨が降らないといいんだけど。

---

⑤ 〔will を用いて〕
　彼女がお金を貸してくれるといいんだけど。

ネイティブならこう言う！

❶ 〔プレゼントを渡しながら〕

I hope you like it.

（気に入ってくれるといいんだけど）

＊〈I hope you will like it.〉ということもあります。

❷ I hope you get well soon.

（すぐに元気になりますように）

＊get well（良くなる）のように、動詞の現在形を用いることで、話者の強い願望が示され、そのことで相手を励ましたり気づかったりする表現となります。

❸ I hope you enjoy your trip.

（旅行を楽しんでね）

＊相手が旅の途中である場合には、I hope you enjoy the rest of your trip.（残りの旅を楽しんでください）ということもあります。

❹ I hope it doesn't rain tomorrow.

（明日、雨が降らないといいんだけど）

❺ 〔will を用いて〕

I hope she will lend us some money.

（彼女がお金を貸してくれるといいんだけど）

Part Ⅲ　とっさに言いたい英語フレーズ ┃ 173

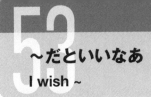

～だといいなあ
I wish ~

発音はこんなふうに

○ アィウィシュ
× アイ・ウィーシュ

"hope"も"wish"も「願望」をあらわすという点においてはよく似ています。しかし、"hope"は「(実現可能なことを)期待する／(実現可能なことを)希望する」であり、"wish"は「(実現できそうもないことを)望む／(事実に反することを)願望する」です。したがって、後ろに続く節では、"hope"は直説法を、"wish"は仮定法の文を導きます。

(1) I hope I <u>can</u> go there.
(2) I wish I <u>could</u> go there.

"hope"を使った(1)の文は「そこへ行きたい」という現実的な願望があるのに対し、"wish"を使った(2)の文は「そこへ行きたい」という夢はあるものの、実現の可能性はまずないというニュアンスがただよっています。

〈I wish〉の後ろにbe動詞をおくときは、主語が何であれ、原則"were"を用いると習った読者が多いと思いますが、口語では、I wish I was rich.(お金持ちだったらいいのに)のように、1人称単数(および3人称単数)が主語の場合は"was"もよく用いられます(丁寧な会話では、文法にのっとった"were"を使いましょう)。

◆ I wish I were[was] rich.
(お金持ちだったらなあ)

174

チャレンジしてみよう！

① 一緒に行けたらいいのに。

----

② 毎日がこんなだったらなあ！

----

③ 彼がここにいてくれたらなあ。

----

④ もっと時間があればなあ。

----

⑤ 〔Sorry. I wish ～ で始めて〕
　ごめん。お手伝いできなくて

ネイティブならこう言う！

❶ I wish I could go with you.

（一緒に行けたらいいのに）

❷ I wish every day could be like this!

（毎日がこんなだったらなあ！）

＊この"can"は〈可能〉をあらわしています。

❸ I wish he were here.

（彼がここにいてくれたらなあ）

＊仮定法の文では、be動詞は"were"にするのが原則ですが、日常会話では、〈I wish he was here.〉と言うこともよくあります。

❹ I wish I had more time.

（もっと時間があればなあ）

＊I wish I had 〜（〜があればなあ）はよく使うフレーズ。I wish I had more money.（もっとお金があればなあ）/ I wish I had his talent.（彼のような才能があればなあ）なども覚えておきましょう。

❺〔Sorry. I wish 〜 で始めて〕
Sorry. I wish I could help you.

（ごめん。お手伝いできなくて）

＊日本語に注目してください。このようなニュアンスで使います。

54 せっかくだけど～／残念だけど～

I'm afraid ~

発音はこんなふうに

○ アィマフレイ d

× アイム・アフレイド

「残念ながら～だ／せっかくだけど～です」という気持ちを伝える表現です。言い出しにくいことをやわらげるときに用いる表現で、〈I'm sorry, but ～〉とほぼ同じ意味です。

ここで気をつけなければならないのは、"I'm afraid but ～"とやってはいけないということです。これだと、「怖いけど～」という意味になってしまいます。このフレーズは〈I'm afraid（that）＋主語＋動詞〉という形で用いると覚えておきましょう。また、"that"はしばしば省略されるということも知っておいてください。

◆ I'm afraid I can't promise anything.

（残念ですが、お約束はいっさいできません）

= I'm sorry, but I can't promise anything.

◆ I'm afraid I can't do that.

（あいにくですが、それは私にはできません）

= I'm sorry, but I can't do that.

◆ I'm afraid I don't fully understand what you mean.

（すみません、おっしゃっていることがよくわからないのですが）

＊= I'm sorry, but I don't fully understand what you mean.

Part III　とっさに言いたい英語フレーズ | 177

チャレンジしてみよう！

① 悪いけど、もう行くね。

----

② せっかくだけど、今日は忙しすぎて。

----

③ 残念ですが、あなたには同意できません。

----

④〔I'm sorry, but 〜 を用いて〕
　すみませんが、お名前をもう一度お願いします。

----

⑤〔I'm sorry, but 〜 を用いて〕
　ごめん、ちょっと急いでいるんだ。

ネイティブならこう言う！

❶ I'm afraid I have to go.

（悪いけど、もう行くね）

＊= I'm sorry, but I have to go.

❷ I'm afraid I'm too busy today.

（せっかくだけど、今日は忙しすぎて）

❸ I'm afraid I can't agree with you.

（残念ですが、あなたには同意できません）

＊agree with A「Aに賛成する，Aに同意する」

❹〔I'm sorry, but ～ を用いて〕
I'm sorry, but I didn't get your name.

（すみませんが、お名前をもう一度お願いします）

＊get A「Aがはっきり聞こえる」

❺〔I'm sorry, but ～ を用いて〕
I'm sorry, but I'm in a bit of a hurry.

（ごめん、ちょっと急いでいるんだ）

＊be in a hurry「急いでいる」

＊a bit of A「ちょっとしたA，いささかのA」

Part Ⅲ　とっさに言いたい英語フレーズ │ 179

column III

相手の意見や考えをたずねるときには？

〈What do you think about 〜 ?〉〔ワリュ・シィンカバゥ〕は、相手の意見や考えをたずねるときの表現です。話を終えたあとで、What do you think?（で、どう思う？）とだけ言うこともあります。「どう」という日本語に引っ張られて、How do you think about + 名詞 ?（×）とやるミスが目立ちます。

（○）What do you think about his new song?
　　（彼の新曲、どう思う？）

（×）How do you think about his new song?

〈do you think〉は、"what" という疑問詞の後ろにおいて用います。Do you think what 〜（×）という語順にしないように気をつけましょう。

前置詞の "of" を用いて〈What do you think of 〜 ?〉ということもあります。"of" は個別の事情について焦点をあてているときに用い、"about" は周辺情報も含めた意見を求めているといったニュアンスがあります。

◆**What do you think of this design?**
　（このデザイン、どう思う？）

〈What are your thoughts on + 名詞 ?〉もほぼ同様の意味をもちますが、これはフォーマルな感じがします。

◆**What are your thoughts on my idea?**
　（私のアイディアについてのお考えをお聞かせくださいますか？）

＊one's thoughts on A「Aに関する〜の考え」

180

Part IV

自然に話したい
英語フレーズ

おいくらですか？

How much is it?

発音はこんなふうに

○ ハウマッチィズィ(t)

✕ ハウマッチ・イズ・イット

　金額や料金をたずねるときの表現です。よく "How much?" とだけ言う人を見かけますが、「いくらだ？」と言っているようで、ぶしつけな感じがします。商店でモノを数点買うときには、よく次のように言います。

◆ **How much is it altogether?**

（全部でいくらですか？）

＊altogether「全部で，すべてまとめて」(= in total) と言うこともあります。

また、この丁寧表現として、

◆ **How much will it be altogether?**

（全部でおいくらになりますか？）

もよく用いられます。

　「～するにはいくらかかりますか？」は、〈How much is it to *do*?〉もしくは〈How much does it cost to *do*?〉のいずれかを用います。

◆ **How much is it to get in?**

（中に入るのにいくらかかりますか？）

◆ **How much does it cost to get to Central Station?**

（セントラル・ステーションに行くにはいくらかかりますか？）

182

① 全部でいくらになりますか？

---

② 税込でいくらになりますか？

---

③ だいたいいくらですか？

---

④ 自転車を借りるのはいくらですか？

---

⑤〔cost を用いて〕
1時間いくらですか？

ネイティブならこう言う！

❶ How much is it altogether?

（全部でいくらになりますか？）

＊How much will it be altogether? / How much does it cost altogether? / How much will it cost altogether? などと言いあらわすこともできます。

❷ How much is it including tax?

（税込でいくらになりますか？）

＊including tax「税込で」

❸ About how much is it?

（だいたいいくらですか？）

＊最初に"about"をつけると「およそいくらですか？」の意味になります。

❹ How much is it to rent a bicycle?

（自転車を借りるのはいくらですか？）

＊= How much does it cost to rent a bicycle?

❺ 〔cost を用いて〕

How much does it cost per hour?

（1時間いくらですか？）

＊cost「（費用が）かかる」

＊per hour「1時間につき」

＊「ちょっと高すぎるなあ」と言いたいときは、〈It's too expensive. / It costs too much.〉などとつぶやきます。

56

よく〜するの？
How often do you ~?

発音はこんなふうに

◯ ハウオフ n ／ ハウオフテュ n

✕ ハウ・オフテン

*イギリスやアメリカの東部地域ではoftenを〔**オ**フテュ n〕と発音することもあります。

〈How often do you ＋動詞の原形 ?〉を文字どおり訳せば、「どれぐらいの頻度で〜するのですか？」になりますが、「よく〜するの？」という感覚で使ってみましょう。

◆ **How often do you post on social media?**

（よく SNS に投稿するの？）

*post「（メッセージ・画像などを）送る，投稿する」

「週に何回ぐらい〜するの？」も、〈How often 〜 ?〉で言いあらわすことができます。ネイティブは、〈How often = How many times an hour / a day / a week / a month / a year〉と考えて使っています。

◆ **How often do you play tennis?**

（よくテニスをするの？）

= **How many times a week do you play tennis?**

（1 週間に何回ぐらいテニスをするの？）

◆ **How often do you go to Hawaii?**

（よくハワイへ行くの？）

= **How many times a year do you go to Hawaii?**

（年に何回ぐらいハワイへ行くの？）

Part Ⅳ　自然に話したい英語フレーズ　│　**185**

👍 **チャレンジしてみよう！**

① お酒はよく飲むの？

----

② よくトレーニングはするの？

----

③ 〔「仕事で日本に来ている」と言う人に〕
　 出張でよく日本へ来られるのですか？

----

④ オーストラリアの家族のもとへはよく帰るのですか？

----

⑤ 週に何回ぐらい在宅勤務をするの？

ネイティブならこう言う！

❶ How often do you drink?

（お酒はよく飲むの？）

＊Whenever I have the chance.（機会があればね）と応じるのがお
しゃれです。

❷ How often do you work out?

（よくトレーニングはするの？）

＊= How many times a week do you work out?

＊= How many times a week do you go to the gym?

❸ 〔「仕事で日本に来ている」と言う人に〕
How often do you come to Japan on business?

（出張でよく日本へ来られるのですか？）

＊on business「仕事で，商用で」

❹ How often do you visit your family in Australia?

（オーストラリアの家族のもとへはよく帰るのですか？）

＊Once or twice a year.（年に1、2度です）/ Once a year on
average.（だいたい年に1度です）などと答えます。

❺ How often do you work from home?

（週に何回ぐらい在宅勤務をするの？）

＊= How many times a week do you work from home?

＊work from home「在宅勤務をする，テレワークをする」

＊About once or twice a week.（だいたい週に1、2回です）など
と答えます。

Part Ⅳ　自然に話したい英語フレーズ　│　**187**

57

以前は〜していた
I used to ~

発音はこんなふうに

○ アイ・ユーストゥ　　✕ アイ・ユーズト・トゥ

*"used"の〈d〉音は発音されません。

　「現在の習慣や状態」と「過去の習慣や状態」を対比して、「今現在とは違うけど、以前は〜だった」というときに使う表現です。「以前はやっていたが今はやっていない習慣」や「以前は存在したが今は存在しない状態」について言及するときに用います。また、どんな主語でも（Iであろうが、Heであろうが）、"used"の部分は変化しません。

◆ **I used to play soccer.** （以前はサッカーをやっていた）

◆ **He used to smoke.** （彼は以前、タバコを吸っていた）

　かならず〈used to + 動詞の原形〉で用います。似たような表現である I'm not used to getting up early. （早起きには慣れていないんだ）などの、be used to 〜 *ing* （〜することに慣れている）と勘違いしないようにしてください。

　"would"もまた「よく〜したものだ」というときに使いますが、"would"の場合、過去を懐かしむ気持ちがあるときに用います。

◆ **My mother would often sing to me when I was a child.**

　（子どもの頃、よく母が歌をうたってくれたっけ）

◆ **He would sometimes play the guitar on the porch.**

　（ポーチのところで、彼は時どきギターを弾いていたよ）

188

チャレンジしてみよう！

① 以前、私はタバコを吸っていました。

----

② 以前、私たちはよくキャンプに出かけたわね。

----

③ 以前、私、茶髪だったのよ。

----

④ 以前は英語の発音にコンプレックスがありました。

----

⑤〔would を用いて〕
　若い頃は、よく沖縄までサーフィンに出かけたなあ。

Part Ⅳ　自然に話したい英語フレーズ　｜　189

ネイティブならこう言う！

❶ I used to smoke.

（以前、私はタバコを吸っていました）

＊I used to smoke, but I quit.（以前はタバコを吸っていたけど、今はやめました）と言うこともあります。

＊I used to be a heavy smoker.（むかしはヘビースモーカーだったんだ）という表現もあわせて覚えておきましょう。

❷ We used to go camping a lot.

（以前、私たちはよくキャンプに出かけたわね）

＊a lot「ずいぶんと、とても」（副詞）

❸ I used to dye my hair brown. （以前、私、茶髪だったのよ）

＊dye one's hair brown「髪を茶色に染める」（"dye"は〔**ダィ**〕と発音します）

❹ I used to be self-conscious about my English pronunciation.

（以前は英語の発音にコンプレックスがありました）

＊be self-conscious about A「Aのことが気になっている」

＊I used to be self-conscious about my weight.（以前は体重のことが気になってしかたなかった）も覚えておきましょう。

❺〔would を用いて〕

When I was young, I would often go surfing in Okinawa. （若い頃は、よく沖縄までサーフィンに出かけたなあ）

＊go surfing「サーフィンをしに行く」

190

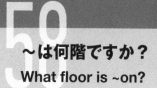

～は何階ですか？

What floor is ~on?

発音はこんなふうに

○ ワッフロアー z ～オン
× ワット・フロアー・イズ～オン

旅先のデパートやホテルなどで使える便利な表現を学びましょう。高くて大きなビルの場合、どの階に何があるのか、なかなかわからないものです。そんなとき、受付や従業員の方に〈What floor is ～ on?〉とたずねてみましょう。floor は日本語の「フロア」の音に近く、この単語を強く発音すれば、ほぼ確実に伝わることでしょう。

◆ **What floor is the shoe department on?**
（靴売り場は何階ですか？）

答えるほうも、It's on the 5th floor.（5階にあります）のように "on" をつけます。

◆ **A : What floor is the cosmetics section on?**
（化粧品は何階ですか？）

B : It's on the 1st floor.（1階です）

すでにエレベーターに乗っていて、あとから来た人々に「何階ですか？」とたずねるときは、次のようにカジュアルに聞いたりします。

◆ **A : What floor?**（何階ですか？）

B : Three, please.（3階をお願いします）

＊Three, please. = Floor 3, please. / Third floor, please.

Part Ⅳ　自然に話したい英語フレーズ | 191

👍 **チャレンジしてみよう！**

① フロントは何階ですか？

----

② 彼のオフィスは何階ですか？

----

③ ジムは何階ですか？

----

④ おもちゃ売場は何階ですか？

----

⑤ 〔すでにエレベーターに乗っている人に、What floor?（何階ですか？）とたずねられて〕
7階をお願いします。

ネイティブならこう言う！

❶ What floor is the front desk on?

（フロントは何階ですか？）

＊「フロント」はfrontとだけ言っても伝わりません。かならずdeskを
つけ足してthe front deskと言うようにしましょう。

❷ What floor is his office on?

（彼のオフィスは何階ですか？）

❸ What floor is the gym on?

（ジムは何階ですか？）

＊「2階にあります」なら、It's on the second floor.のように答えま
す。なかには具体的な数字を言わず、Upstairs.（上の階です）とか
Downstairs.（下の階です）とだけ応じる人もいます。

❹ What floor is the toy department on?

（おもちゃ売場は何階ですか？）

＊What floor are toys on?（おもちゃは何階ですか？）と聞くこと
もあります。その場合は、They're on the 2nd floor. のように
"they"を主語にして答えます。

❺〔すでにエレベーターに乗っている人に、What floor?（何
階ですか？）とたずねられて〕

Seven, please.

（7階をお願いします）

＊Seven, please. = Floor 7, please. / Seventh floor, please.

Part Ⅳ　自然に話したい英語フレーズ｜ 193

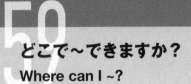

どこで〜できますか?
Where can I ~?

発音はこんなふうに

◯ ウェア・キャナイ
✕ ホエア・キャン・アイ

〈Where is +名詞 ?〉は「〜はどこですか?」です。

◆ **Where is the restroom?**

(トイレはどこですか?)

＊デパート、レストラン、ホテル、映画館など、公共施設の「トイレ」は "restroom" と言うのがふつうです。

"where" の後ろに "can I" をつけて、〈Where can I +動詞の原形 ?〉とすることで「どこで〜できますか?」となり、表現の幅がずいぶん広がります。

◆ **Where can I find the restroom?**

(トイレはどこにありますか?)

◆ **Where can I get more information about it?**

(どこでそれに関する情報をもっと得られますか?)

あることをしたいのだが、どこでその機会を得たらいいのかわからない。そんなとき、「どこで〜できますか?」とか「〜ができる場所はどこですか?」とたずねます。旅行先で大活躍してくれる便利なフレーズです。

◆ **Where can I try this on?** (どこでこれを試着できますか?)

◆ **Where can I rent a bicycle?** (どこで自転車を借りられますか?)

＊rent A「(お金を払って) Aを借りる」

チャレンジしてみよう！

① どこでタクシーが拾えますか？

---

② どこで両替ができますか？

---

③ どこで電動自転車を借りられますか？

---

④ 無料 Wi-Fi はどこにありますか？

---

⑤ このエリアで使える SIM カードはどこで買えますか？

ネイティブならこう言う！

❶ Where can I grab a taxi?

（どこでタクシーが拾えますか？）

＊grab a taxi「タクシーをつかまえる」（＝ catch a taxi）

❷ Where can I exchange money?

（どこで両替ができますか？）

＊exchange A「Aを交換する」

＊「両替する」は、exchange money のほか、change moneyと言うこともできます。

❸ Where can I rent an e-bike?

（どこで電動自転車を借りられますか？）

＊rent「（自転車・車・衣裳などを、お金を払って短時間）借りる」

❹ Where can I find free Wi-Fi?

（無料Wi-Fiはどこにありますか？）

＊free「無料の」

❺ Where can I buy a local SIM card?

（このエリアで使えるSIMカードはどこで買えますか？）

＊local「当地の，地元の」

＊SIM card「シムカード，SIMカード」（スマホやタブレットなどの端末に挿入することで通話やデータ通信が利用できるようになるICカード。SIMカードを入れ替えることで、他社の回線を使った通信も可能になります）

60

～してはどうですか
Maybe you should ~

発音はこんなふうに

○ メイビィユシュッ d

× メービー・ユー・シュッド

〈You should ＋動詞の原形〉には大きな誤解があります。日本語の「あなたは～すべきだ」という強い忠告ではなく、「～してみてはどうですか」という親しみのこもった助言だということです。それに「たぶん」を意味する "maybe" や "perhaps" をつけて用いれば、控えめな提案表現になります。〈I think you should ～ 〉としても、ほぼ同様のニュアンスを伝えることができます。

◆ Maybe[Perhaps] you should talk to him.

（彼に相談してみたらどう）

◆ I think you should give it a try.

（やってみたらどう）

「～したほうがよい」というと、〈You had better ～ / You'd better ～ 〉を思い浮かべる読者が多いと思いますが、You'd better eat your vegetables (or you won't get any dessert).「野菜を食べなさい（さもないと、デザート抜きですよ）」のように、親子関係でいえば親から子に、上下関係でいえば上から下に対して使われる「（愛情のこもった）威圧的な表現」になるということです。「～しなさい（さもないと、承知しないぞ／まずいことになるぞ／ひどい目にあうぞ）」といった意味合いがただようということを忘れないでください。

Part Ⅳ　自然に話したい英語フレーズ | **197**

チャレンジしてみよう！

① 〔Maybe で始めて〕
やってみたらどう。

---

② 〔Maybe で始めて〕
タバコをやめたほうがいいんじゃない。

---

③ 〔Perhaps で始めて〕
ひと晩寝て考えたらどう？

---

④ 〔Perhaps で始めて〕
彼に謝ったほうがいいと思うよ。

---

⑤ 〔I think で始めて〕
医者に診てもらったら。

ネイティブならこう言う！

❶〔Maybe で始めて〕
Maybe you should give it a try.
（やってみたらどう）
＊give it a try「やってみる，挑戦してみる」

❷〔Maybe で始めて〕
Maybe you should stop smoking.
（タバコをやめたほうがいいんじゃない）
＊stop smoking「タバコを（吸うのを）やめる」

❸〔Perhaps で始めて〕
Perhaps you should sleep on it.
（ひと晩寝て考えたらどう？）
＊sleep on it「ひと晩よく考える」（「その問題〔案件〕の上で寝る」が原義）

❹〔Perhaps で始めて〕
Perhaps you should apologize to him.
（彼に謝ったほうがいいと思うよ）
＊apologize〔アパラジャイz〕「謝る，謝罪する」

❺〔I think で始めて〕
I think you should see a doctor.
（医者に診てもらったら）
＊see a doctor「医者に面会する→医者に診てもらう」

Part Ⅳ　自然に話したい英語フレーズ | 199

61 よくも〜できますね
How can you ~?

発音はこんなふうに

◯ ハウキャニュ

✕ ハウ・キャン・ユー

〈How can you ＋ 動詞の原形?〉は、相手の言動に驚いたときや不快感を示すときに使います。

◆ **How can you do that?** （よくもそんなことができるな？）

また、〈How can you be so ＋ 形容詞?〉は不快感だけでなく、How can you be so patient?（どうしてそんな我慢強いの？）のように、相手の態度や行為に感心したときにも用いることがあります。

〈How dare you ＋ 動詞の原形!〉も相手の言動を強く非難するときに用います。"dare" は「図々しくも〜する」という動詞ですが、この場合は助動詞として用いられています。

◆ **How dare you lie to me!** （よくも僕に嘘が言えるな！）

＊怒りをあらわにして、How dare you!（よくもそんなことが！）と短く言うこともあります。

〈How do you ＋ 動詞の原形?〉は「どんなふうに〜するの？」という意味で、〈方法〉をたずねるときの言いまわしです。

〈How can you say that?〉は「よくもそんなことが言えるな／何てこと言うの？」といった意味になりますが、〈How do you say that?〉は「それはどんなふうに読むの？／それはどんなふうに発音するの？」という意味になります。

200

 チャレンジしてみよう！

① 〔暴言を吐く友人に〕
何てことを言うの？／どうしてそんなことが言えるの？

---

② 僕のせいだなんて、どうしてそんなことが言えるんだい？

---

③ どうしてそんなに無神経なの？

---

④ 〔相手の態度に感心して〕
どうしてそんなに平気でいられるの？

---

⑤ 〔dare を用いて〕
よくもまあ私にそんな口がきけるわね！

ネイティブならこう言う！

❶〔暴言を吐く友人に〕

How can you say that?

（何てことを言うの？／どうしてそんなことが言えるの？）

❷ How can you say it's my fault?

（僕のせいだなんて、どうしてそんなことが言えるんだい？）

＊fault〔**フォー**ルt〕「過失」

❸ How can you be so insensitive?

（どうしてそんなに無神経なの？）

＊insensitive〔イン**セ**ンシィティv〕「思いやりのない，無神経な」

（sensitive〔**セ**ンシィティv〕「気づかいのできる」）

＊How can you be so selfish?（どうしてそんなにわがままなの？）

／ How can you be so naive?（どうしてそんなに世間知らずな

の？）などもあわせて覚えておきましょう。

❹〔相手の態度に感心して〕

How can you be so calm?

（どうしてそんなに平気でいられるの？）

＊calm〔**コ**ー m〕「落ち着いた，冷静な，穏やかな」

❺〔dare を用いて〕

How dare you talk to me like that!

（よくもまあ私にそんな口がきけるわね！）

＊like that「そんなふうに」

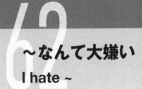

～なんて大嫌い
I hate ~

発音はこんなふうに

○ アイヘィ t
× アイ・ヘート

「〜が(大)嫌い」というとき、〈I hate +名詞〉を用います。嫌いな度合いは〈I don't like 〜〉よりも強いと心得てください。

◆ **I hate snakes.**
（ヘビって大嫌い）

◆ **I hate rainy days.**
（雨の日が嫌いなんだ）

後ろに動名詞（〜 *ing*）をおくこともあります。意味の違いはありません。

◆ **I hate wasting time.**
（時間を無駄にするのが嫌いなんだ）
＊=I hate to waste time.

◆ **I hate flying.**
（飛行機は嫌い）
＊=I hate to fly.

ただし、想像上の状況や未来の出来事については、後ろを〈to *do*〉で結ぶ傾向があります。

◆ **I hate to bother you, but I need some advice.**
（ご面倒をおかけしますが、アドバイスをいただきたいのですが）

Part Ⅳ 自然に話したい英語フレーズ | 203

👍 **チャレンジしてみよう！**

① タバコの煙がだめなんです。

---

② 人がたくさんいるところはとにかくだめなんです。

---

③〔**to do** を使って〕
早起きが大の苦手なんです。

---

④〔**～ ing** を使って〕
歯医者へ行くのは大嫌いなの。

---

⑤ ご面倒でも、お力をお借りしたいのですが。

ネイティブならこう言う！

❶ I hate cigarette smoke.

（タバコの煙がだめなんです）

❷ I hate crowded places.

（人がたくさんいるところはとにかくだめなんです）

＊crowded〔ク**ラゥ**ディッd〕「混雑した，込み合っている」

❸〔to *do* を使って〕

I hate to get up early.

（早起きが大の苦手なんです）

＊＝I hate getting up early.

❹〔～ *ing* を使って〕

I hate going to the dentist's.

（歯医者へ行くのは大嫌いなの）

＊＝I hate to go to the dentist's (office).

❺ I hate to bother you, but I need your help.

（ご面倒でも、お力をお借りしたいのですが）

＊bother「悩ます，うるさがらせる，面倒をかける」

＊I hate to interrupt you, but ...「ご迷惑でしょうが……」/ I hate to say this, but ...「言いにくいんだけど……」もあわせて覚えておきましょう。

Part Ⅳ　自然に話したい英語フレーズ　｜　205

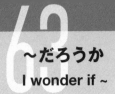

～だろうか
I wonder if ~

発音はこんなふうに

○ アィワンダリ f
× アイ・ワンダー・イフ

好奇心・不安・疑いなどをもって、「～かしら（と思う），～かな（と思う）」というとき、〈I wonder if ～〉というフレーズを用います。

◆ **I wonder if she is serious.**
（彼女は本気なのかな）

上の文は「彼女は本気なのだろうか（疑問だ）」というニュアンスがあります。

"wonder" は「疑問に思う，不思議に思う」という意味です。また、"if" は「もし～ならば」という意味ではなく、「～かどうかということ」という意味で用いられています。"whether" に置き換えられますが、"if" を用いるほうが一般的です。また、〈I wonder〉の後ろに疑問詞（when / where / why / what / who / which / how）をおくこともあります。

◆ **I wonder where I put my phone.**
（ケイタイをどこに置いたっけ）

◆ **I wonder why she went there.**
（なぜ彼女はそこへ行ったのだろう）

◆ **I wonder what he does.**
（彼は何をしている人なんだろう）

206

① 彼女もネコが好きなのかな。

---

② このあたりに ATM があるかなあ。

---

③ どうして彼は授業に来なかったのだろう。

---

④ 彼女は何をしている人なんだろう。

---

⑤ 彼はどうやってそれがわかったんだろう。

ネイティブならこう言う！

❶ I wonder if she likes cats too.

（彼女もネコが好きなのかな）

❷ I wonder if there's an ATM around here.

（このあたりに ATM があるかなあ）

＊ATM（automated teller machine：現金自動預け払い機）は数えられる名詞なので、冠詞の"an"をつけるのを忘れないようにしましょう。

＊「あるよ、きっと」は、"I'm sure there is."と言います。

❸ I wonder why he didn't come to class.

（どうして彼は授業に来なかったのだろう）

＊come to class「授業にやって来る」

❹ I wonder what she does.

（彼女は何をしている人なんだろう）

＊What do you do?（何をしているのですか？）は職業を聞くときの決まり文句です。

❺ I wonder how he found that out.

（彼はどうやってそれがわかったんだろう）

＊find out A / find A out「A（真相など）をつきとめる」（it / that / themなどの代名詞が目的語の場合は、found out it（×）とはならず、found it outとします）

208

64 ～するのを忘れちゃった
I forgot to ~

発音はこんなふうに

○ アィフォガットゥ

✕ アイ・フォーガット・ツー

forget（忘れる）は名詞を目的語にとることができます。

◆ **Wait here. I forgot my wallet.**

（ここで待っていて。財布を忘れちゃった）

注目してほしいのは、目的語に "to *do*" をとるのか、"～ing" をとるのかによって意味が異なるという点です。

(a) forget to *do*「～するのを忘れる」

(b) forget ～*ing*「～したことを忘れる」

それぞれ例文を出してみます。

◆ **(a) Don't forget to meet her at the airport.**

（空港に彼女を出迎えるのを忘れないでね）

(b) I'll never forget meeting her.

（彼女に会ったことは決して忘れません）

「～するのを忘れた」は、その行為をすることを忘れてしまったわけですから、〈I forgot to ＋動詞の原形〉のようにかならず "to *do*" で結びます。

◆ **I forgot to go to the bank.**

（銀行へ行くのを忘れちゃった）

◆ **I forgot to buy a smartphone charger.**

（スマホの充電器を買うのを忘れちゃった）

Part Ⅳ　自然に話したい英語フレーズ | 209

 チャレンジしてみよう！

① トイレットペーパーを買うのを忘れちゃった。

-----

② 〔スーツケースの中をのぞき込んで〕
水着を入れるのを忘れちゃった。

-----

③ 明かりを消し忘れないでね。

-----

④ 彼にお礼状を出すのを忘れないでね。

-----

⑤ 彼にお会いしたことは決して忘れません。

ネイティブならこう言う！

❶ I forgot to buy toilet paper.

（トイレットペーパーを買うのを忘れちゃった）

＊"paper"の発音は〔ペーパー〕ではなく、〔**ペイパ**〕です。

❷ 〔スーツケースの中をのぞき込んで〕

I forgot to pack my swimsuit.

（水着を入れるのを忘れちゃった）

＊pack「（旅行かばんなどに）詰め込む」

❸ Don't forget to turn off the lights.

（明かりを消し忘れないでね）

＊turn off the lights「明かりを消す」

❹ Don't forget to send him a thank-you note.

（彼にお礼状を出すのを忘れないでね）

＊send A a thank-you note「Aにお礼状を出す」

❺ I'll never forget meeting him.

（彼にお会いしたことは決して忘れません）

＊I'll never forget ~ ing「～したことは決して忘れません」

Part Ⅳ　自然に話したい英語フレーズ │ 211

65

～について聞かせて

Tell me about ~

（発音はこんなふうに）

○ テゥミ（ア）バウ（t）

✕ テル・ミー・アバウト

「～について教えて」や「～について聞かせて」にあたる表現です。仲のよい友だちや恋人に質問するときによく使うたいへん使い勝手のよいフレーズです。知りたいと思ったことをぜひ聞いてみてください。

◆ **Tell me about your day.**（きょうはどうだった？）

＊"your day"は、文字どおり「あなたの一日，きょうという日」です。〈How was your day?〉ということもあります。

◆ **Tell me about your mom.**（お母さんについて教えて）

◆ **Tell me about your hometown.**（故郷の話を聞かせて）

「～のやり方を教えてください」は〈Tell me how to ＋ 動詞の原形〉で言いあらわします。

◆ **Tell me how to use it.**（使い方を教えて）

◆ **Tell me how to cook stew.**（シチューの作り方を教えて）

「どこで～したらいいのか教えてください」は、〈Tell me where to ＋ 動詞の原形〉で言いあらわします。

◆ **Tell me where to find the ketchup.**

（どこにケチャップがあるか教えてください）

◆ **Tell me where to wait for you.**

（どこで待っていればいいのか教えてください）

212

① ご家族のことを教えて。

---

② ハワイで育った頃の話をして。

---

③ 駅への行き方を教えて。

---

④ このコピー機の操作のしかたを教えて。

---

⑤ 待ち合わせの場所を教えて。

Part IV 自然に話したい英語フレーズ | 213

ネイティブならこう言う！

❶ Tell me about your family.

（ご家族のことを教えて）

＊Tell me about your father.（あなたのお父さんについて教えて）/
Tell me about your job.（あなたの仕事について聞かせて）など
もあわせて覚えておきましょう。

❷ Tell me about growing up in Hawaii.

（ハワイで育った頃の話をして）

＊grow up「育つ，成長する」

❸ Tell me how to get to the station.

（駅への行き方を教えて）

＊get to Aは「Aへたどり着く，Aへ移動する」の意味で，Aという到
達点までのプロセスに関心を向けています。how to go to A（×）
とは言いませんが，おそらく伝わります。

❹ Tell me how to run this copier.

（このコピー機の操作のしかたを教えて）

＊run A「A（機械など）を動かす→Aを操作する，Aを扱う」
（＝ operate A / use A）

❺ Tell me where to meet you. （待ち合わせの場所を教えて）

＊meet「（約束して人に）会う」

＊Tell me where to go.（どこへ行けばいいか教えて）もあわせて覚
えておきましょう。

214

まさか～とは思わなかった
I never thought ~

発音はこんなふうに

◯ アィネヴァソォー t

✕ アイ・ネバー・ソート

〈I never thought〉の後ろに「予想外であったこと」を入れてみましょう。注意してほしいのは、"thought" が過去形なので、後ろも〈主語＋動詞の過去形〉もしくは〈主語＋助動詞の過去形〉になります。このことを文法用語では「時制の一致」と呼んでいます。

◆ **I never thought she would lie to me.**

（まさか彼女が私にウソをつくとは思わなかったよ）

＊lie（ウソをつく）やliar（ウソつき）という単語にはひどく相手を非難する響きがあるので、使うときには注意が必要です。軽い感じで「ウソつき」というときは、No kidding.（まさか）/ You must be joking.（冗談でしょ）などの表現を用いましょう。

◆ **I never thought this would happen.**

（こんなことが起こるとは思いもよらなかった）

「～だなんて夢にも思わなかった」は〈I never dreamed ～〉と言います。

◆ **I never dreamed she would deceive me.**

（彼女にだまされるだなんて夢にも思わなかった）

＊deceive A「Aをだます，Aをあざむく」（〔ディシィー v〕と発音します）

Part Ⅳ　自然に話したい英語フレーズ｜215

👍 チャレンジしてみよう！

① まさか彼女が僕を置き去りにするとは思わなかった。

② きみのような人に会えるなんて思ってもみなかったよ。

③ 自分がまた結婚するなんて思ってもみなかった。

④〔dream という動詞を用いて〕
　よもや自分が優勝できるとは夢にも思いませんでした！

⑤〔dream という動詞を用いて〕
　まさか AI がここまで世の中を変えるとはねえ。

ネイティブならこう言う！

❶ I never thought she would leave me.

（まさか彼女が僕を置き去りにするとは思わなかった）

＊leave A「Aを置き去りにする，Aを見捨てる」

❷ I never thought I'd find somebody like you.

（きみのような人に会えるなんて思ってもみなかったよ）

＊find A「Aを見つける，Aを探しだす」

＊A like B「BのようなA」（このlikeは前置詞です）

❸ I never thought I'd get married again.

（自分がまた結婚するなんて思ってもみなかった）

＊get married「結婚する」（「離婚する」はget divorcedと言います）

❹〔dream という動詞を用いて〕

I never dreamed I would win the championship!

（よもや自分が優勝できるとは夢にも思いませんでした！）

＊win the championship「優勝する」（「全国大会で優勝する」は
win the national championshipと言います）

❺〔dream という動詞を用いて〕

I never dreamed AI would change the world so much.

（まさかAIがここまで世の中を変えるとはねえ）

＊AI「人工知能」（Artificial Intelligenceの略）

Part Ⅳ　自然に話したい英語フレーズ ｜ **217**

67

～したらどうしよう？
What if ~?

発音はこんなふうに

○ ワリー f／ワリ f

✕ ワット・イフ

〈What if ＋主語＋動詞 ?〉は「（もし）～したらどうしよう？／（かりに）～したらどうする？」にあたる表現です。

◆ **What if she says no?**

（彼女に断わられたらどうしよう？）

＊「断わる」というと、日本人の多くは"refuse"や"reject"という単語を思い浮かべるようですが、これらはフォーマルな感じがするので、日常会話ではsay no（ノーと言う→断わる）というのがふつうです。

さて、このフレーズをどのように理解したらいいのでしょう。じつは、What（are you going to do）if ～ ?（もし～したら、どうするつもり？）と考えられているのです。

また、現在の事実に反したり、事実である可能性が低かったりすれば、if節で仮定法過去を用いることもあります。その場合は、What (would you do / should I do) if ～ ?（万が一～したら、どうする？）といったニュアンスをもつ箇所が省略されていると考えられています。

◆ **What if she should say yes?**

（万が一、彼女が承諾したらどうしよう？）

＊if S should ～「かりにSが～したら」

＊say yes「イエスと言う→承諾する」

218

チャレンジしてみよう！

① 〔say no を用いて〕

彼に断わられたらどうしよう？

----

② 雨が降ったらどうする？

----

③ 〔we を主語にして〕

チケットが取れなかったらどうする？

----

④ 〔we を主語にして〕

捕まったらどうする？

----

⑤ 〔仮定法の文を用いて〕

まったくお金がなかったら、どうする？

ネイティブならこう言う！

❶〔say no を用いて〕

What if he says no?

（彼に断わられたらどうしよう？）

❷ What if it rains?

（雨が降ったらどうする？）

❸〔we を主語にして〕

What if we can't get tickets?

（チケットが取れなかったらどうする？）

＊get a ticket「チケットを取る」

❹〔we を主語にして〕

What if we get caught?

（捕まったらどうする？）

＊get caught「捕まる，逮捕される」

＊"caught"は〔コウト〕ではなく、〔コー t〕と発音します。

❺〔仮定法の文を用いて〕

What if you didn't have any money?

（まったくお金がなかったら、どうする？）

＊仮定法で過去形を用いた場合、現在の事実と違うと思っている事柄を
あらわします。これを「仮定法過去」と呼んでいます。ここでは、か
りの話として「まったくお金がなかったら」と言っているので、仮定
法過去の文を用いています。

column IV

日本人が間違って使いがちな「Me too.（私も）」

「私もそうです」のつもりで、〈Me too. 〉〔ミィトゥ〕を連発している人をよく見かけますが、間違って使っている人もけっこういるようです。

Me too.（私もそうです）は、前が肯定文のときのみ用います。〈Me, too.〉のように、あいだにコンマをふることもあります。〈Me, too.〉はまた、〈So V＋S〉で言い換えることができます。

◆A：I like coffee.（コーヒーが好きなんだ）

 B：Me too.（私もそう）

 ＊Me too.＝ So do I.

いっぽう、前が否定文のときは、Me neither.（私もそうではありません）としなければなりません。〈Me, neither.〉とコンマをふることもあります）。

"neither" の発音は〔ナィザァ〕でも〔ニィザァ〕でも OK です。〈Me neither.〉を〈Me either.〉というネイティブ・スピーカーもかなりいます。〈Me either.〉は文法書では誤用とされますが、インフォーマルな場面ではよく用いられています。

〈Me neither.〉はまた、〈Neither V＋S〉とイコールで結ぶことができます。

◆A：I don't like coffee.（コーヒーが好きじゃないんだ）

 B：Me neither.（私もそう）

 ＊Me neither.＝ Neither do I.

Part IV 自然に話したい英語フレーズ | 221

青春新書
INTELLIGENCE

こころ涌き立つ「知」の冒険

いまを生きる

"青春新書"は昭和三一年に——若い日に常にあなたの心の友として、その糧となり実になる多様な知恵が、生きる指標として勇気と力になり、すぐに役立つ——をモットーに創刊された。

そして昭和三八年、新しい時代の気運の中で、新書"プレイブックス"にその役目のバトンを渡した。「人生を自由自在に活動する」のキャッチコピーのもと——すべてのうっ積を吹きとばし、自由闊達な活動力を培養し、勇気と自信を生み出す最も楽しいシリーズ——となった。

いまや、私たちはバブル経済崩壊後の混沌とした価値観のただ中にいる。その価値観は常に未曾有の変貌を見せ、社会は少子高齢化し、地球規模の環境問題等は解決の兆しを見せない。私たちはあらゆる不安と懐疑に対峙している。

本シリーズ"青春新書インテリジェンス"はまさに、この時代の欲求によってプレイブックスから分化・刊行された。それは即ち、「心の中に自らの青春の輝きを失わない旺盛な知力、活力への欲求」に他ならない。応えるべきキャッチコピーは「こころ涌き立つ「知」の冒険」である。

応え

予測のつかない時代にあって、一人ひとりの足元を照らし出すシリーズでありたいと願う。青春出版社は本年創業五〇周年を迎えた。これはひとえに長年に亘る多くの読者の熱いご支持の賜物である。社員一同深く感謝し、より一層世の中に希望と勇気の明るい光を放つ書籍を出版すべく、鋭意志すものである。

平成一七年

刊行者　小澤源太郎

著者紹介

キャサリン・A・クラフト〈Kathryn A. Craft〉

アメリカ・ミシガン州で生まれ、オハイオ州で育つ。ボーリング・グリーン州立大卒。1985年、南山大学の交換留学生として来日。現在、オンラインマガジン『ET PEOPLE!』を発行するかたわら、通訳、翻訳家、英語講師としても活躍。主な著書に『日本人が言えそうで言えない英語表現650』『ネイティブにスッと伝わる英語表現の言い換え700』(いずれも小社刊)、『朝から晩までつぶやく英語表現200』(ちくま新書)などがある。

編訳者紹介

里中哲彦〈さとなか　てつひこ〉

河合塾教育研究開発本部研究員。著書に『そもそも英語ってなに?』(現代書館)、『英語ミステイクの底力』(プレイス)、『英文法の魅力』(中公新書)など多数。

簡単<ruby>簡単<rt>かんたん</rt></ruby>なのに<ruby>日本人<rt>にほんじん</rt></ruby>には<ruby>出<rt>で</rt></ruby>てこない
<ruby>英語<rt>えいご</rt></ruby>フレーズ600

青春新書
INTELLIGENCE

2024年12月15日　第1刷
2025年7月20日　第5刷

著　者	キャサリン・A・クラフト	
編訳者	里　中　哲　彦	
発行者	小　澤　源太郎	

責任編集　<ruby>株式<rt></rt></ruby>会社 プライム涌光

電話　編集部　03(3203)2850

発行所　東京都新宿区若松町12番1号　〒162-0056　株式会社 青春出版社

電話　営業部　03(3207)1916　振替番号　00190-7-98602

印刷・中央精版印刷　　製本・ナショナル製本

ISBN978-4-413-04711-1

©Kathryn A. Craft 2024 Printed in Japan

本書の内容の一部あるいは全部を無断で複写(コピー)することは著作権法上認められている場合を除き、禁じられています。

万一、落丁、乱丁がありました節は、お取りかえします。

青春新書インテリジェンス　好評既刊　**青春新書 INTELLIGENCE**

日本人が言えそうで言えない
英語表現650

キャサリン・A・クラフト
里中哲彦[編訳]

「ああ、びっくりした！」
「ピザが食べたいなあ」…
日本人の英語発想からは出てこない、
ネイティブに通じる英語表現、教えます。

ISBN978-4-413-04655-8　980円

ネイティブにスッと伝わる
英語表現の
言い換え700

キャサリン・A・クラフト
里中哲彦[編訳]

「デザートは別腹です」
「お変わりないですね」…
仕事で旅行で街中で、
そのまま使える超便利フレーズ！

ISBN978-4-413-04681-7　1100円

お願い　ページわりの関係からここでは一部の既刊本しか掲載してありません。折り込みの出版案内もご参考にご覧ください。

※上記は本体価格です。（消費税が別途加算されます）
※書名コード（ISBN）は、書店へのご注文にご利用ください。書店にない場合、電話またはFax（書名・冊数・氏名・住所・電話番号を明記）でもご注文いただけます（代金引替宅急便）。商品到着時に定価＋手数料をお支払いください。
　〔直販係　電話03-3207-1916　Fax03-3205-6339〕
※青春出版社のホームページでも、オンラインで書籍をお買い求めいただけます。ぜひご利用ください。〔http://www.seishun.co.jp/〕